„Nur das Fremde vermag es Sie zu entwickeln und zu verbessern."

Savas Simsek

Gastronomie Marketing

135 Marketing Tipps die den Erfolg garantieren!

inkl. Social Media Tipps

Twitter: @pures_marketing

Bibliografische Information der Deutschen Nationalbibliothek:
Die Deutsche Nationalbibliothek verzeichnet diese Publikation in der Deutschen Nationalbibliografie; detaillierte bibliografische Daten sind im Internet über http://dnb.dnb.de abrufbar.

© 2015 Savas Simsek

2. Auflage

Illustration: pixabay.com

Herstellung und Verlag: BoD – Books on Demand, Norderstedt

ISBN: 978-3-7392-0877-0

Inhaltsverzeichnis

I.	Vorwort	S.13
II.	Marketing	S.15
III.	Offline-Marketing	S.16
1.	Sein Konzept kennen	S.16
2.	Eröffnungsfeier abhalten	S.17
3.	Alleinstellungsmerkmal	S.18
4.	Zielgruppe ermitteln	S.20
5.	Konkurrenzanalyse	S.21
6.	Corporate Identity	S.21
7.	Unternehmensphilosophie	S.22
8.	Unternehmensziele	S.23
9.	Einheitliche Mitarbeiterbekleidung	S.24
10.	Qualifiziertes Personal	S.24
11.	Trends verfolgen	S.25
12.	Trends setzen	S.26
13.	Logo	S.26
14.	Interieur/Design	S.27
15.	Außenfassade	S.28
16.	Nachtbeleuchtung	S.29
17.	Farbenmanagement	S.29
18.	Lichtmanagement	S.30

19.	Leuchtmittel und Außenreklame	S.31
20.	Buswerbung	S.31
21.	Taxiwerbung	S.32
22.	Bahnwerbung	S.32
23.	Litfaßsäulenwerbung	S.33
24.	Lichtmastwerbung	S.33
25.	Plakatwerbung	S.34
26.	Werbeanzeigen	S.34
27.	Kinowerbung	S.35
28.	Radiowerbung	S.36
29.	Flyer	S.37
30.	Visitenkarten	S.38
31.	Informationszettel im Restaurant	S.39
32.	Werbeartikel	S.39
33.	Sponsoring	S.40
34.	Messen und Food-Festivals	S.41
35.	Verkaufsförderung im Restaurant	S.41
36.	Verkaufsförderung vor dem Restaurant	S.42
37.	Pressemitteilung	S.42
38.	Gelbe Seiten oder das Örtliche	S.43
39.	Handelskammer-Mitgliedschaft	S.44
40.	Partnerschaften	S.44
41.	Guerilla-Marketing	S.45

42.	Produktveränderungen	S.46
43.	Produktelimination	S.46
44.	Produktinnovation	S.47
45.	Preisdifferenzierung	S.47
46.	Preisstrategie	S.48
47.	Up-Selling & Cross-Selling	S.49
48.	Freundlichkeitsmanagement	S.49
49.	Kommunikation mit den Gästen	S.50
50.	Kennen Sie Ihre Stammgäste	S.51
51.	Mehr Service als erwartet bieten	S.51
52.	Beschwerdemanagement	S.52
53.	Öffnungszeiten einhalten	S.53
54.	Überdurchschnittliche Sauberkeit	S.53
55.	Speisekartenaushang	S.54
56.	Speisekarte	S.55
57.	Neuer Look der Speisekarte	S.57
58.	Vor-Vorspeisen	S.58
59.	Catering anbieten	S.58
60.	Straßenfeste	S.59
61.	All you can eat	S.60
62.	Offenes Buffet	S.61
63.	Brunch	S.62
64.	XXL Angebote	S.62

65.	Grillabende	S.63
66.	Besonders teures Produkt	S.64
67.	Frühstücksangebot	S.64
68.	Schneller Mittagstisch	S.65
69.	Menü-Angebote	S.66
70.	Weinverkostungen	S.66
71.	Lesungen	S.67
72.	Ausstellungen	S.67
73.	Livemusik	S.68
74.	Valentinstags-Spezial	S.69
75.	Muttertags-Spezial	S.69
76.	Vatertags-Spezial	S.70
77.	Weihnachts-Spezial	S.70
78.	Silvester-Spezial	S.70
79.	Sport-Events	S.71
80.	Wohltätigkeitsaktionen	S.72
81.	Happy Hour	S.72
82.	Schlag-die-Uhr-Methode	S.73
83.	Nachbarschafts-Aktion	S.73
84.	Spezialsaucen zum Mitnehmen	S.74
85.	Lokale Waren	S.74
86.	Tageskarte	S.75
87.	Tagesgerichte	S.75

88.	Mittagstisch	S.76
89.	Offene Küche	S.77
90.	Anrichtung der Speisen	S.77
91.	Produktqualität	S.78
92.	Seine Produkte kennen	S.79
93.	Tipps des Kochs	S.79
94.	Einzigartige Verpackungen	S.80
95.	Außer Haus Verkauf	S.81
96.	Lieferservice	S.81
97.	Lieferantenauswahl	S.82
98.	Loyalitätsprogramm	S.83
99.	Gewinnspiel	S.83
100.	QR-Code	S.84
101.	Ökologische Maßnahmen	S.85
102.	Kundenumfragen	S.86
103.	WC-Werbung	S.86
104.	Kassenbonrabatt	S.87
105.	Bouncebacks	S.87
106.	Mitarbeiter des Monats	S.88
107.	Freies WLAN	S.88
108.	Kundenstopper	S.89
109.	Frische Blumen	S.90
110.	Handelswaren optimal präsentieren	S.90

111.	Außensitzplätze anmelden	S.91
112.	Empfehlungsmarketing	S.92
113.	Musik	S.92
114.	Kassensystem mit Software	S.93
115.	Technische Geräte für die Gäste	S.93
116.	Bezahlsysteme	S.94

IV.	**Online-Marketing**	**S.95**
117.	Webseite erstellen	S.95
118.	Blog	S.97
119.	SEO (Suchmaschinenoptimierung)	S.97
120.	Google AdWords	S.98
121.	Online Reservierung	S.99
122.	Food Porn	S.99
123.	Facebook	S.100
124.	Instagram	S.101
125.	Youtube	S.102
126.	Twitter	S.102
127.	Foursquare	S.103
128.	Yelp	S.104
129.	TripAdvisor	S.105
130.	Newsletter	S.105
131.	Periscope	S.106

132.	Groupon	S.106
133.	Online-Speisekarte	S.107
134.	Online-Lieferdienst	S.108
135.	Online-Coupons	S.108
V.	**Schlusswort**	**S.109**
VI.	**Autor**	**S.110**

"Überlassen Sie nicht dem Gast die Entscheidung über Ihren Erfolg."

I. Vorwort

Dieser Ratgeber richtet sich vorzugsweise an alle Leser aus der Individualgastronomie, die Eigenverantwortung für Ihren gastronomischen Erfolg übernehmen wollen. Denn bekanntermaßen überlassen leider viele Gastronomen die Entscheidung über Erfolg oder Misserfolg dem Gast, und das ist genau die falsche Denke. Seien Sie nicht so. Seien SIE der Entscheider über Ihren Erfolg - seien Sie als Mensch und seien Sie als Restaurant der Grund dafür, warum Gäste zu Ihnen kommen sollten. Fangen Sie an zu verstehen, dass jede einzelne betriebliche Entscheidung/Leistung oder Tat darüber entscheidet, ob Ihre potenziellen Gäste Sie besuchen oder eben nicht. Lassen Sie nicht zu, dass Ihr Restauranttraum dadurch zerstört wird, da Sie an Dogmen festhalten. Den Mythos: „Werbung brauch ich nicht, das spricht sich schon von alleine herum", kennen Sie bestimmt. Vergessen Sie diesen Unsinn bitte ganz schnell. Entledigen Sie sich dieser negativen, naiven und äußerst geschäftsschädigenden Vorstellung von Marketing, denn nur so werden Sie zum Pionier und heben sich von der grauen Durchschnittsmasse ab und werden endlich erfolgreich. Auf den folgenden Seiten werden 135 Marketingtipps für die Gastronomie aufgeführt und kurz beschrieben. Zum einen sind die Gliederungspunkte selbst die Marketingtipps und zum anderen sind ihnen teils Beispiele hinzugefügt. Bedenken Sie, dass es mir darum ging, die Masse der Möglichkeiten aufzulisten, um Sie für dieses Thema zu sensibilisieren und nicht darum eine wissenschaftliche

Abhandlung für jeden Bereich zu verfassen. Ich empfehle Ihnen alle Tipps durchzulesen, Sie können dabei auch querlesen. Anwenden sollten Sie jedoch alle Marketingtipps, die unter Kosten- und Zeitbeschränkungen wirtschaftlich vertretbar sind.

Vielen Dank für das Lesen dieses Ratgebers. Empfehlen Sie mich doch offline oder online weiter, wenn Ihnen der Ratgeber gefallen hat. Vielleicht haben Sie auch Lust eine Rezension im Internet zu schreiben. Ich wünsche Ihnen viel Erfolg mit Ihren angewendeten Marketingtipps. Eins noch, bedenken Sie:

„Erfolg muss jeden Tag auf ein Neues erzwungen werden."

II. Marketing

Für die meisten bedeutet Marketing „Werbung", im Grunde ist der Begriff Werbung auch richtig, nur beziehen die Menschen diesen Begriff auf einen Teilbereich der unternehmerischen Tätigkeiten. Aus meiner Sicht besteht das (Um)Werben aber nicht nur aus eben diesem Teilbereich, sondern aus allen betrieblichen Bereichen, denn diese beeinflussen alle den (Um)Werbungsprozess und letztlich so den Absatz. Beispielsweise sind saubere Sanitäranlagen, für die meisten kein Marketingtipp, doch Sie kommunizieren hier etwas. Genau genommen kommunizieren Sie, dass Sie den Gast ernst nehmen und dass Sie letztlich professionell sind, und dieses ist somit ein Aspekt der Gästebindungsstrategie. Gleiches gilt für andere Punkte, die nicht sofort als Marketingtipp verstanden werden könnten. Aber seien Sie versichert, all das, was ich auflistete, hat einen Einfluss auf das Kaufverhalten Ihrer Gäste bzw. Ihrer potenziellen Gäste, entweder direkt oder indirekt.

„Marketing ist die Gesamtheit aller unternehmerischen Entscheidungen und Tätigkeiten, die den Absatz beeinflussen."

Anonym

III. Offline-Marketing

Mit Offline-Marketing sind alle Maßnahmen, Methoden und Instrumente gemeint die dem klassischen Gastronomie Marketing bzw. klassischen Marketing entliehen sind. Die Tipps sind <u>nicht</u> in einer Rangfolge gelistet.

1. Sein Konzept kennen

Zunächst ist es von besonderer Bedeutung, dass Sie Ihr Konzept aus dem Effeff kennen, denn nur so können Sie die richtigen Entscheidungen treffen, um erfolgreich am Markt bestehen zu können. Eine Analyse des Ist-Zustandes ist immer von Nöten, wenn man mit etwas beginnt, um dann denn Soll-Zustand erreichen zu können. Die sich daraus ergebende Lücke, auch Gap genannt, gilt es dann mit dem Marketing zu schließen. Wer sein Konzept also nicht kennt, erkennt auch keine Schwachstellen, die es gilt auszumerzen. Nur eine ganzheitliche Analyse des Konzepts ermöglicht eine Basis für den erhofften Mehrertrag. Die notwendigen Kriterien zur Bestimmung der Lage des Betriebes sind die gleichen wie die in der Konkurrenzanalyse. Sie geben Ihnen Aufschluss über die Ist-Situation und die Soll-Situation. Die Position der Konkurrenz wäre dann hier Ihre Soll- bzw. Ziel-Situation. Erstellen Sie doch eine Tabelle und stellen Sie die Positionen gegenüber, dann werden Sie schnell erkennen, dass es noch einiges zu erledigen gibt, aber keine Angst, ganz egal wie groß die Lücke auch sein mag, sie kann geschlossen werden, wenn man die notwendigen Maßnahmen ergreift. Diese Maßnahmen sind unter anderem die Maßnahmen in diesem Ratgeber. Also bringen Sie unbedingt alles in Erfahrung was Sie können, nutzen Sie auch das Internet oder Bücher, um neue Maßnahmen, Methoden, Instrumente und Ideen zu finden oder fragen Sie Freunde und Bekannte. Seien Sie offen für Informationen, denn:

» Etwas nicht wissen zu wollen ist ein Fehler.«

2. Eröffnungsfeier abhalten
Wenn Sie gerade eröffnen, sollten Sie unbedingt eine große Eröffnungsfeier organisieren. Informieren Sie die Presse per Pressemitteilung, posten Sie die Information auf Ihrer Internetpräsenz und laden Sie Familie, Freunde und Geschäftsnachbarn ein. Sollten Sie „Prominente" oder „Öffentliche Personen" kennen, laden Sie diese ebenfalls ein. Dieses ist ein guter Weg, um sich professionell zu präsentieren. Gereicht werden sollten neben Fingerfood, auch Gerichte und Getränke, die auf der Karte zu finden sein werden. Und vergessen Sie nicht, Sie müssen sich von Ihrer besten Seite zeigen, sonst vergisst man Ihr Restaurant schnell wieder. Seien Sie auf alles vorbereitet und haben Sie genügend von allem da. Sie können die Eröffnungsfeier auch aufnehmen und bei Youtube

einstellen. Stellen Sie sich und das Team vor und laden Sie doch ihre potenziellen Gäste herzlich ein vorbeizukommen. Beispielsweise können Sie den ersten 50 Gästen einen Rabatt von 30% auf die Speisen geben. Sehen dieses nicht als Kosten, sondern vielmehr als Investition in den zukünftigen Mehrertrag an. Ihr Ziel muss es immer und überall sein, Kunden „anzusprechen" bzw. zu „umwerben" unter den Gesichtspunkten der Wahrung der Harmonie zwischen Maßnahme und Konzept. Machen Sie auch Bilder für Ihre Internetpräsenz. Achten Sie bitte aber unbedingt auf eine hohe Qualität der Medien. Fotografieren Sie auch das Essen und Ihre Mitarbeiter – das ist immer interessant für die Betrachter im Internet. Eine Live Übertragung mit der Periscope App wäre auch eine Möglichkeit. Ein weiterer Tipp: Verwickeln Sie sich aber nicht in Gespräche mit Gästen bei einer Live Übertragung, kommentieren Sie lieber selber, und wenn Sie Gäste befragen, dann bitte nur Gäste bei denen Sie wissen, dass diese adäquat antworten.

» Kommunizieren Sie 4 Wochen vor der Eröffnung die Feier.«

3. Alleinstellungsmerkmal

Machen Sie es wie die großen Werbetreibenden und finden Sie etwas, das Sie von Ihren Mitbewerbern unterscheidet, bzw. positiv abhebt und dann bewerben Sie den Unterschied offline und online, damit sich aufgrund der Andersartigkeit von der Konkurrenz ein Mehrertrag einstellt. Der Unterschied muss aber positiv absatzrelevant sein und unbedingt von den potenziellen Gästen wahrgenommen werden. Die Verschiedenheit könnte ein andersartiges Produkt sein oder Ihre niedrige Preisstrategie oder Ihre Qualität der Produkte oder Ihr ökologischer Ansatz oder ein von den Gästen bereits wahrgenommener anderer Unterschied. Sie können dieses Alleinstellungsmerkmal auch erzeugen in dem Sie ein besonderes Design entwerfen, besonders ausgefallene Gerichte anbieten, besondere Verpackungen kreieren oder besondere Werbemaßnahmen durchführen. Erkennen Sie Ihr Alleinstellungsmerkmal und kommunizieren diesen unbedingt. Was Sie machen oder nicht machen, sollten Sie immer unter ökonomischen Gesichtspunkten bewerten und erst dann entscheiden, ob Sie die Maßnahme durchwinken. Sollten Sie Probleme haben, Ihr Alleinstellungsmerkmal zu finden, dann vielleicht weil Sie keines haben oder weil es Ihnen schwer fällt Ihres zu lokalisieren. Im Internet finden Sie viele Möglichkeiten Ihres herauszufinden, sofern Sie eines haben. Sie müssen nur „Alleinstellungsmerkmal Kriterien" in eine große Suchmaschine eingeben und dann werden Sie weitere Hilfe bekommen. Wenn Sie keines haben, dann sollten Sie mit Hilfe der Tipps in diesem Ratgeber versuchen sich in Ihrem Einzugsgebiet von der Konkurrenz abzuheben. Viele Tipps in diesem Ratgeber sind eine Chance auf ein lokales Alleinstellungsmerkmal, das den Erfolg bringt.

»Mit einem Alleinstellungsmerkmal, steigen Ihre Chancen auf Erfolg.«

4. Zielgruppe ermitteln

Wer seine Zielgruppe (Zielgäste) nicht kennt, weiß noch zu wenig über sein Konzept. Lernen Sie Ihr Konzept besser kennen und richten Sie alle ihre Aktivitäten nur auf Ihre Zielgruppe aus, denn alles was nicht auf die Zielgruppe gerichtet ist, ist nicht mit Ihrem Konzept vereinbar. Je besser das Konzept mit der beworbenen Zielgruppe zusammenpasst, desto wahrscheinlicher ist der ökonomische Erfolg. Kurz gesagt: „Nur wer seine potenziellen Gäste kennt, kann ein optimales Paket für Sie schnüren." Suchen Sie im Internet nach „Zielgruppen Kriterien". Es gibt eine Fülle von Merkmalen die Ihnen helfen können die Eingrenzung zu optimieren. Wenn beispielsweise Senioren aus der Mittelschicht Ihre Zielgruppe sind, dann richten Sie alle Tipps in diesem Ratgeber auf diese Gruppe aus. Das heißt, Sie müssen sich mit Ihrem Konzept an die Zielgruppe anpassen, damit diese sich bei Ihnen wohl fühlen und so zu Stammgästen bei Ihnen werden. Ziel ist es Harmonie zwischen Konzept und Gast herzustellen. Das ist die Basis für Erfolg.

»Ohne eine Zielgruppen-Definition ist Ihr Konzept nicht ausgereift.«

5. Konkurrenzanalyse

Vergleichen Sie sich regelmäßig mit der örtlichen bzw. wichtigsten Konkurrenz, um zu erkennen was Sie besonders unterscheidet. Erstellen Sie dann eine Tabelle und stellen Sie Ihren Betrieb der wichtigsten Konkurrenz gegenüber, das hilft um Stärken und Schwächen zu erkennen, um dann Schwächen zu beseitigen. Bitten Sie auch gute Freunde dies für Sie zu machen, diese sind oft objektiver. Inhalte können sein: Marktanteil, Standort, „Werbung", Produkte, Service, Freundlichkeit, Hygiene, Design, Frische, Qualität, Schnelligkeit, Lieferservice, etc. Es gibt viele gute Vorlagen im Internet. Suchen Sie einfach nach "Konkurrenzanalyse Tabellen" in einer großen Suchmaschine. Sie werden aber auch erkennen, dass die Tipps in diesem Ratgeber, im Grunde schon diese Kriterien sind. Also setzen Sie diese professionell um, und das positive Ergebnis kommt von alleine.

» Wer seine Gegner kennt, kann sich besser auf sie einstellen.«

6. Corporate Identity

Als Corporate Identity versteht man die Einheitlichkeit mit der sich ein Unternehmen präsentiert. Sie beinhaltet zum einen die Selbstdarstellung eines Restaurants in der Öffentlichkeit, und zum anderen die Umsetzung der einheitlichen Kommunikation aller Mitarbeiter. Die Corporate Identity für einen Gastronomiebetrieb kann weiters so gestaltet werden, dass die Gäste beim Lesen eines Flyers, beim Lesen des Kassenbons, beim Lesen der Speisekarte, auf der Homepage im Internet oder beim Vorbeigehen am Ladengeschäft ein Wiedererkennungsmerkmal unter anderem in der Farbe, in der Schrift, im Logo usw. wieder finden. Einheitliche Mitarbeiterkleidung fällt auch in diesen Bereich. Vereinheitlichung ist hier das Stichwort.

» Einheitliches Auftreten suggeriert Professionalität.«

7. Unternehmensphilosophie

Die Unternehmensphilosophie ist das höchste Wertesystem innerhalb eines Gastronomiebetriebes und gibt wieder, welche Wertvorstellungen die oberste Führungsebene über den Sinn der unternehmerischen Tätigkeit hat, und prägt damit die Ziele. Daher wird empfohlen eine Unternehmensphilosophie auszuarbeiten und diese gezielt den Mitarbeitern zu vermitteln, um einheitlich zu agieren. Beispielsweise kann in diesem Zusammenhang eine Philosophie dahingehend ausgestaltet werden, dass ökologische Effizienz als oberstes Ziel postuliert wird, und sich alle

Entscheidungen und Handlungen im Restaurant darauf ausrichten. Go Green könnte ein Motto sein.

» Eine Philosophie / ein Ziel.«

8. Unternehmensziele

Unternehmensziele dienen als Orientierungsgrundlage für alle unternehmerischen Entscheidungen und Handlungen. Wichtig ist, dass alle Aktivitäten eines Unternehmens der Realisierung der Unternehmensziele dienen. Es müssen also demnach alle Maßnahmen die Sie umsetzen auf die gesetzten Ziele ausgerichtet werden. Daher wird angeraten klare Ziele zu formulieren, um so zielgerichteter handeln zu können. Ein wirtschaften ohne Ziel ist nicht besonders motivierend und führt zur Lethargie. Sie sollten sich bspw. Vornehmen, dieses Jahr den Umsatz um 15%, oder den Gewinn um 10% zu erhöhen, um eine klare Richtung vorzugeben. Dieses Ziel gilt es intern zu kommunizieren, damit alle Mitarbeiter dasselbe Ziel verfolgen.

» Ziele müssen erreichbar sein.«

9. Einheitliche Mitarbeiterkleidung

Eine einheitliche Mitarbeiterkleidung mit dem eigenen Logo erzeugt einen professionellen Auftritt, selbst wenn nur ein paar Aushilfskräfte beschäftigt werden. Dies wird empfohlen, um in den Augen der Gäste einen immer gleichen Service und eine immer gleiche Qualität zu suggerieren. Markenbildung ist das Stichwort. Die Farbe der Berufskleidung sollte mit dem Konzept/Designfarben harmonieren. Die Webseiten Hauptfarbe sollte auch eben diese sein.

» Harmonie trägt dazu bei, dass sich die Gäste wohl fühlen.«

10. Qualifiziertes Personal

Der sichere Umgang mit Gästen fordert Ihrem Personal Fachwissen ab, was dafürspricht, mit einem Stamm von permanenten und gut ausgebildeten Mitarbeitern zu arbeiten und das Personal fortlaufend weiter zu schulen. Auch die Nutzung der eigenen Webseite und den sozialen Medien erfordert eine intensive Schulung der Mitarbeiter. Durch die Kompetenz und Motivation des Personals kann der Betrieb aktiv am Markterfolg partizipieren. In den meisten Gastronomiebetrieben wechselt das Personal jedoch sehr häufig, was kein gutes Zeichen ist, ganz egal welche Seite nun rechtens ist, ist es geschäftsschädigend, denn die Gäste gewöhnen sich an die bekannte Bedienung und erwarten diese Person oft schon auch förmlich anzutreffen. Aus meiner Warte heraus kann ich nur sagen, die Gastronomiebetriebe die sehr erfolgreich arbeiten, wechseln nicht permanent das Personal. Bitte lösen Sie Schwierigkeiten bevor sie auftreten.

» Nur wer Prozesse auswendig kennt, kann mehr leisten.«

11. Trends verfolgen
Seien Sie immer informiert über die Trends; dabei spielen die lokalen Trends eine besondere Rolle, denn diese beeinflussen die lokalen Gäste meist intensiver als die globalen Trends. Nutzen Sie das Internet. Seien Sie hellhörig und recherchieren Sie die aktuellen Trends, Fakten und Zahlen im Internet. Erkennen Sie diese, aber folgen Sie diesen nur wenn Ihr Konzept nicht zu sehr verändert wird, denn die Gäste wollen auch eine Beständigkeit Ihres Konzeptes. Kleine Variationen auf der Karte sind da was anderes, und sogar zu empfehlen. Trends sind immer eine zeitlich begrenzte Chance, manchmal bleiben sie auch, doch meistens, vergehen sie schneller als sie gekommen sind.

» Nur mitziehen, wenn es sein muss.«

12. Trends setzen

Setzen Sie selber Trends in Ihrem Einzugsgebiet. Seien Sie kreativ, haben Sie Mut, auch wenn der erste Versuch misslingt, eine gute Idee wird es schon noch geben, oder mehrere. Bleiben Sie aber konzeptnah bei den Neuerungen. Mit Hilfe einiger Tipps in diesem Ratgeber können Sie lokal Trends setzen. Mein Rat; seien Sie anders, aber immer noch der Richtige für Ihre Zielgruppe. So stellt sich dann ein Alleinstellungsmerkmal ein und dann der erwünschte Erfolg eben auch.

» Sein Sie mutig und kreieren Sie was Neues.«

13. Logo

Das Logo ist Teil des visuellen Erscheinungsbildes eines Gastronomiebetriebes. Ein Logo kann aus einem oder mehreren Buchstaben, einem Bild oder auch aus einer Kombination dieser Elemente bestehen. Die Farbe des Logo und sonstige farbliche und schriftliche Darstellung müssen dieses Wiedererkennungsmerkmal immer wieder in den Vordergrund stellen. Sie können im Internet auf bestimmten Portalen ein Logo günstig erstellen lassen. Die Preise sind nicht so hoch, und Sie können sich dann das Schönste aussuchen. 99 Designs bietet sich hierfür an. Die Internetadresse lautet: http://99designs.de Alternativ können Sie sich das Logo auch von einer Werbeagentur erstellen lassen. Das wird aber um einiges teurer. Das Logo sollte überall auftauchen, wo Sie etwas zu kommunizieren haben. Also auf den Rechungen, den Verpackungen, der Speisekarte, den betrieblichen Fahrzeugen, der Bekleidung, der Internetpräsenz, der Außenreklame, dem Kundenstopper, den Visitenkarten etc.

» Jedes erfolgreiche Unternehmen hat ein Logo.«

14. Interieur/Design

Es ist von besonderer Bedeutung, dass das Interieur bzw. das Design des Restaurants oder des Fast Food Konzepts oder eines anderen Gastronomiekonzepts etwas ganz Außergewöhnliches ist, aber immer noch zum Konzept passt. Menschen wollen einerseits etwas Spezielles erleben, doch dieses spezielle Erlebnis darf nicht zu absonderlich sein. Sollten Sie jedoch eine Nische anpeilen, das heißt, dass Sie nur eine kleine Zielgruppe haben, dann kann es wiederum auch genau richtig sein. Als Faustregel kann man jedoch sagen, je „weniger Ansprüche" Ihre Gäste haben oder haben werden, desto weniger überzogen sollte Ihr Interieur sein.

Doch vergessen Sie nicht, dass das nicht bedeutet, dass Sie sich nicht von der Masse abheben sollten. Es geht mir hier nur um die Qualität bzw. Stärke der Andersartigkeit. Weiters sollten Sie daran denken, dass Ihre Ausstattung zu Ihren Speisen passen sollte, das heißt, wenn Sie deftige Speisen anbieten, dann sollten Sie darauf achten rustikales Mobiliar und klassisches Dekor einzusetzen. Schauen Sie sich ein wenig um, und beäugen Sie die Konkurrenz, holen Sie sich Anregungen und optimieren Sie dann Ihren Auftritt. Wichtig ist die Übereinstimmung zwischen Produkt und Auftritt. Das heißt, Produkt und Design müssen harmonieren.

» Sein Sie speziell, aber nicht zu absonderlich.«

15. Außenfassade

Die Außenfassade sollte je nach Möglichkeiten dem Konzept angepasst werden. Achten Sie darauf die Fenster frei zu halten von Unnötigem wie Gardinen oder Plakaten, damit man das Restaurant gut einsehen kann. Je nach Konzept kann hier oder da mehr oder weniger gemacht werden. Einem Thema zu folgen, wie bei einem Fischrestaurant, dem Meer, den Fischerbooten, den Netzen etc. ist hier sehr positiv zu beurteilen. Sie werden sich wundern wie viele Gäste Sie darauf positiv ansprechen werden.

» Die Außenfassade muss unbedingt einladend sein.«

16. Nachtbeleuchtung

Der Gastronomiebetrieb sollte nachts im Sitzbereich leicht beleuchtet sein, um so für Sie zu werben. Nicht viele Betriebe nutzen diese Form der Präsentation, was für Sie eine weitere Werbe-Chance ist. Energiesparlampen sollten das Problem recht günstig lösen. Erkundigen Sie sich beim Gewerbeamt, ob dieses in Ihrer Region erlaubt ist.

» Einfache, aber wirkungsvolle Chance wahrgenommen zu werden.«

17. Farbenmanagement

Mir ist sehr oft aufgefallen, dass die Farben in vielen Restaurants einfach von dem Vorgänger übernommen wurden, und dann nicht zum eigenen Konzept passen. Mit Farben sind nicht nur die Farben der Wände und Decken gemeint, sondern auch die Farben des Interieurs im Allgemeinen. Es ist besonders wichtig hier die richtige Wahl zu treffen und die Farben in allen anderen Bereichen wie, Webseite, Flyer, Visitenkarten und Bekleidung einheitlich zu gestalten und zu kommunizieren. Sie kennen das bestimmt, wenn Sie in ein Restaurant oder einen Imbiss kommen und das Gefühl haben, hier wurde nicht mit Liebe gestaltet. Das darf Ihnen auf keinen Fall passieren, denn Ihr Gastronomiebetrieb ist Ihre wichtigste Kommunikationsplattform und diese muss mehr als überdurchschnittlich ansehnlich sein, wenn Sie überdurchschnittlich verdienen wollen. Falls Sie sich das aber nicht selber zu trauen, dann ist hier eine Investition bei einem Innenarchitekten gut angelegt. Oder Fragen Sie begabte Freunde und Bekannte.

» Einheitliche harmonische Farben sind ein Hingucker.«

18. Lichtmanagement
Das richtige Ausleuchten des Gastronomiebetriebes und der Auslage sind mittlerweile auch ein wichtiger Bestandteil der Präsentation des Betriebes und der Produkte. Natürlich können Sie das selber machen, doch eine professionelle Hand weiß um den optimalen Effekt und die der dazu notwendigen Maßnahmen. Im Internet finden sich viele Unternehmen die sich darauf spezialisiert haben. Ein Dönerladen sollte beispielsweise, die Auslage von Salat und Fleisch als auch den Döner mit besonderem Licht ausleuchten, um den optimalen Frische- und Qualitätseffekt zu erlangen. Gleiches gilt auch für viele andere Konzepte.

»Licht vermittelt Stimmung, und die ist wichtig, um zu aktivieren.«

19. Leuchtmittel und Außenreklame

Vergessen Sie nicht eine beleuchtete Anzeige mit dem Restaurantnamen bzw. dem Logo an der Außenfassade anzubringen, um so besser wahrgenommen zu werden. Des Weiteren sollten Sie ein beleuchtetes seitliches Schild mit Restaurantnamen bzw. Logo anbringen, damit das Ladengeschäft auch von der Seite gut zu erkennen ist. Außerdem sollten die Fenster von unnötigen Anzeigen freigehalten werden, damit der potenzielle Gast eine gute Sicht in das Restaurant hat.

» Nicht nur wichtig, um nachts wahrgenommen zu werden.«

20. Buswerbung

Es ist auch eine Überlegung wert in der Buslinie die vor der Tür vorbei fährt Werbung zu machen. Der Wiedererkennungswert ist hier sehr hoch und wirkt sich dann besonders positiv auf die Besucherzahl aus. Achten Sie darauf, nur das Nötigste und vor allem die Nähe besonders zu kommunizieren. Die Verkehrsgesellschaft wird Sie gern beraten.

» Nur in der Buslinie werben, die in Ihrer Nähe ist.«

21. Taxiwerbung

Werbung auf den Taxis, die regelmäßig eine Station in Ihrer Nähe anfahren, ist eine weitere gute Möglichkeit, um Aufmerksamkeit zu erlangen. Bei Taxiunternehmen die diese Station nicht anfahren, ist eine Werbeaktion nicht zu empfehlen, denn die Streuung ist zu hoch, und die Kosten stehen dann nicht mehr in so einem guten Verhältnis zu dem Werbezweck. Die Taxiunternehmen beraten Sie hier gerne.

»Nur auf den Taxis werben, die eine Station in Ihrer Nähe anfahren.«

22. Bahnwerbung

Denken Sie auch über Werbung in U-Bahn, S-Bahn, oder Bahn Stationen nach. Achten Sie darauf, dass die Strecken in Ihrer Nähe verlaufen oder die Station bei Ihnen in der Nähe liegt und kommunizieren Sie darauf nur das Nötigste und vor allem besonders die Nähe. Die Verkehrsgesellschaft wird Sie hier freundlich beraten.

» Vergewissern Sie sich über die Angabe der Nähe in der Anzeige.«

23. Litfaßsäulenwerbung

Eine weitere Möglichkeit ist die Litfaßsäulenwerbung. Vorzugsweise in der Nähe ihres Restaurants, die Kosten hierfür sind nicht so hoch, und haben eine hohe Wirtschaftlichkeit in Bezug auf die Nachfrageerhöhung. Informationen über den Betreiber der Litfaßsäule finden Sie an der Säule. Bestimmte Werbepakete der Agenturen stehen hier dann zu Auswahl.

» Nur auf Litfaßsäulen werben die in der Nähe sind.«

24. Lichtmastwerbung

Ebenso ist die Werbung an Lichtmästen sehr interessant. Autofahrer haben so schnell einen Moment der Aufmerksamkeit und das prägt sich ein. Interessant auch für schwer einsehbare Restaurants. Hierbei handelt es sich um eine Straßenlandsondernutzung. Informationen über den Betreiber für Ihre Stadt erhalten Sie hierzu im Internet. Beispielsweise geben Sie für Berlin in einer der großen Suchmaschinen „Lichtmastwerbung Berlin" ein, und so finden Sie dann auch schon schnell den Anbieter und die Kontaktdaten. In Berlin ist es www.draussenwerber.de

» Ist besonders selten, daher ist der Effekt groß.«

25. Plakatwerbung

Außenwerbung im klassischen Sinne ist auch die Plakatwerbung. Kennzeichnend ist hier die hohe Kontakthäufigkeit bei verhältnismäßig geringen Kosten, was wiederum die Nachfrage erhöht. Sollte ein Plakat auf der anderen Straßenseite installiert sein, werben Sie dort in regelmäßigen Abständen und kommunizieren Sie, dass Ihr Restaurant auf Ihrer Seite verortet ist. Das erhöht die Aufmerksamkeit und kommt darüber hinaus bei den potenziellen Gästen gut an. Auch hier einfach in einer großen Suchmaschine „Plakatwerbung <Ort>" eingeben und der richtige Anbieter ist gefunden. Informationen über den Anbieter finden Sie aber auch am Werbeträger.

»Etwas Lustiges wird eher wahrgenommen, als nur Informationen.«

26. Werbeanzeigen

Ob Werbeeinzeigen heutzutage noch das richtige Werbemedium für die Gastronomie sind, bezweifle ich. Es mag hier und da noch funktionieren, doch das Internet bzw. das Social Media Marketing respektive das

Online-Marketing haben diesem Medium schon lange den Rang abgelaufen. Ich denke aufgrund der hiermit verbundenen hohen Kosten, lieber günstiger oder gar kostenlos im Internet werben, um so Gäste zu motivieren bei Ihnen zu speisen. Ausnahme, wenn Ihre Zielgruppe zumeist das Internet nicht nutzt, wie beispielsweise Senioren. Das müssen Sie natürlich analysieren. Die Werbeträger sind entweder Tageszeitungen bzw. Wochenzeitungen des jeweiligen Ortes oder Zeitschriften die in Ihrem Gebiet oft gelesen werden. Je nach Auflagenzahl und Anbieter unterscheiden sich hier die Preise stark. Die Anbieter beraten Sie aber gern über die Möglichkeiten.

»Wenn es zur Zielgruppe passt, ist es eine gute Investition.«

27. Kinowerbung
Kinowerbung ist eine weitere Möglichkeit, um auf sich aufmerksam zu machen. Bedenken Sie aber, dass es hier schwierig ist die Zielgruppe als Gastronomiebetrieb genau zu treffen, ganz abgesehen davon, dass Kinos nicht mehr so gut besucht werden und Werbung so unter Umständen teuer werden kann. Sollten Sie sich jedoch für diese Form der Werbung entschieden haben, dann fokussieren Sie sich auf Ihre Lokalität, Ihre Speisen und nicht so sehr auf weiteres. Zeigen Sie Ihr Essen, denn es löst

einen besonderen Affekt aus und diesen müssen Sie nutzen. Informieren Sie sich bei den Kinohäusern über Kosten und den Prozess der Werbeaktion.

» Kommunizieren Sie Ihre Bestseller. Nähe nicht vergessen.«

28. Radiowerbung

Hierunter ist die Werbung auf einem Hörfunksender zu verstehen, auch Werbespot genannt. Eine weitere Form ist die Live Ansage durch den Moderator, auch "Live-Reader" genannt. Der Vorteil bei Radiowerbung ist die hohe Reichweite. Wenn Sie eine Radiowerbung schalten möchten, dann sollten Sie sich für einen lokalen Radiosender entscheiden, der Ihre Zielgruppe anspricht und sich auf Ihr Einzugsgebiet bezieht. Informieren Sie sich über die Kosten bei den Hörfunksendern. Diese unterscheiden sich sehr, nach Sender, Häufigkeit der Ausstrahlung, Uhrzeit der Ausstrahlung, Länge des Spots, Form des Spots etc.

»Wenn günstig, ist es ein sehr guter Werbeträger.«

29. Flyer

Flyer erhöhen die Aufmerksamkeit Ihrer potenziellen Gäste. Suchen Sie sich die Inhalte und das offerierte Angebot sorgfältig aus, und sehen Sie von unnötigen Informationen ab. Das Angebot muss selbstverständlich außergewöhnlich sein, wenn Sie wollen, dass die potenziellen Gäste Ihren Gastronomiebetrieb besuchen. Kommunizieren Sie beispielsweise Ihr Alleinstellungsmerkmal oder ein Wochenangebot, oder eine neue Kreation etc. Seien Sie aber auch kreativ bei der Gestaltung des Flyers. Ein Fischrestaurant könnte ein Fischlayout nutzen und diesen bedrucken lassen, eine Pizzeria ein Pizza-Layout, ein Bäcker ein Donut-Layout, eine Bar ein Cocktail-Layout, etc. Bedenken Sie, Gewöhnliches macht auch nur den gewöhnlichen Umsatz. Und das kann keiner wollen. Vergessen Sie auch hier nicht die gewünschten QR-Codes einzufügen. Beachten Sie, dass das Verteilen der Werbemittel im öffentlichen Raum seitens des Gewerbeamts zu genehmigen ist und hier geringe zusätzliche Kosten verursacht. Informationen hierzu erteilt Ihnen Ihr zuständiges Gewerbeamt. Verteilen Sie die Werbemittel nicht vor der Lokalität der Konkurrenz, denn das ist wettbewerbswidrig. Sie können Ihre Flyer auch nach erfolgter Absprache mit den Inhabern, in Supermärkten, bei Bäckern, in Bars und anderen etwaigen gaststättenfremden Geschäften auslegen. Über die Kosten der Erstellung sollten Sie sich bei mehreren Anbietern gleichzeitig informieren, denn die Preise sind hierfür sehr unterschiedlich. Es gilt, je ausgefallener der Flyer, desto teurer ist er. Sollten

Sie sich jedoch für einen Standard-Flyer entscheiden, dann sind die Kosten relativ gering, diese Flyer machen aber auch weniger her. DIN A6 Flyer kosten bei www.vistaprint.de zum Beispiel ca. 60 € pro 1000 Stück. Das Einfügen von Inhalten und die Bearbeitung von Teilen des Layouts müssen Sie hier aber selber online machen. Beachten Sie weiter, dass die Farben mit Ihren Konzeptfarben übereinstimmen müssen.

»Bitte keine gewöhnlichen Flyer nutzen.«

30. Visitenkarten

Visitenkarten empfehlen sich für jeden Betrieb und sollten alle notwendigen Informationen wie Unternehmensnamen, Inhaber, Adresse, Telefon, Fax und E-Mail beinhalten. Auf der Rückseite sollten Sie QR-Codes einfügen, die auf Ihre Internetpräsenz und den Twitter Link verlinken. Twitter Link, weil Sie hier tägliche Angebote kommunizieren können. Siehe Twitter Gliederungspunkt. Wie Sie den QR-Code generieren sehen Sie bei dem Gliederungspunkt QR-Code. Bei www.vistaprint.de bekommen Sie eine Menge schöner Vorlagen. Die Kosten hierfür liegen bei ca. 30 € bei 250 Visitenkarten. Achten Sie aber darauf, dass die Farben mit Ihren Konzeptfarben übereinstimmen.

»Vergessen Sie den gewünschten QR-Code nicht.«

31. Informationszettel im Restaurant

Versuchen Sie nicht alles in Ihre Informationszettel zu stopfen. Es wirkt dann zu überladen und ist somit dann weniger einladend für Ihre Gäste, um weiter zu lesen. Beziehen Sie sich nur auf die Kernbotschaften, und leiten Sie sie weiter auf Ihre Webseite für mehr Informationen. Ein QR-Code bietet sich an. Seien Sie kreativ bei der Gestaltung des Blattes.

» Weniger ist mehr Information.«

32. Werbeartikel

Eine besondere Form der Werbung im Restaurant sind auch Werbeartikel wie: Bedruckte Feuerzeuge als Give-away, T-Shirts bei Mindestbestellwert, Caps bei Mindestbestellwert, Einkaufschips oder ähnliches. Oder etwas Pfiffiges wie ein Magnet für den Kühlschrank mit den wichtigsten Informationen und Ihrem QR-Code. Natürlich immer mit Ihrem Logo bzw. Restaurantnamen. Diese Werbeartikel werden immer günstiger je mehr Sie davon kaufen und erinnern den Kunden immer wieder an Sie. So setzen Sie günstig einen Anker in den Köpfen der Gäste, der die

Wiederkehr erhöht. Schauen Sie sich im Internet bei den Anbietern um, da ist bestimmt was für Sie dabei.

»Gratis Geschenke sind immer ein Anker.«

33. Sponsoring

Sponsoring ist beispielsweise das Fördern eines lokalen Sportvereins in Form von Geld oder Sachleistungen. Daraus resultiert dann eine marketingrelevante Gegenleistung, die auch Erhöhung des Bekanntheitsgrades genannt werden kann. Sie sollten beispielsweise eine lokale Mannschaft sponsern, um einerseits Ihre Bekanntheit zu erhöhen und andererseits ein positives Image zu generieren, welches wiederum die Nachfrage erhöht. Hier bieten sich an, Trikotsponsoring, Sporttaschensponsoring und Equipmentsponsoring. Diese Form der Imagepflege ist besonders erfolgreich in kleinen Ortschaften. Fragen Sie einfach mal bei dem örtlichen Verein Ihrer Wahl nach, sie werden sich freuen über Ihr Engagement.

» Nur Teams aus der Nähe sponsern.«

34. Messen und Food-Festivals

Messen und Food-Festivals sind eine weitere Chance sich der Öffentlichkeit und Presse zu präsentieren und tragen zur Bekanntheit bei. Wichtig ist es besonders professionell und gut organisiert zu sein. Meist finden Sie einmal im Jahr statt. Präsentieren Sie Ihr Restaurant von der besten Seite und seien Sie unter keinen Umständen durchschnittlich. Das Internet ist auch hier Ihre Informationsquelle.

» Food-Festivals machen Presse.«

35. Verkaufsförderung im Restaurant

Sie sollten bei neuen Speisen und Getränken die auf ihrer Karte aufgenommen werden eine zeitlich befristete Verkaufsförderungs- bzw. Promotion-Aktion durchführen. Ein neuer Wein beispielsweise könnte als Gelegenheit genutzt werden, eine Promotion-Aktion zu starten. Warum nicht den Gästen ein Glas des neuen Weines gratis offerieren und sich ins Gespräch bringen. Mit Gratis-Angeboten heben Sie sich von der Masse ab. Sie motivieren so Ihre Gäste, zum einen zum wiederkommen, und zum anderen bringt Ihnen die dann daraus resultierende Mund-zu-Mund-Propaganda noch mehr Gäste.

» Gratis-Kostproben vermitteln Gastfreundschaft.«

36. Verkaufsförderung vor dem Restaurant

Verkaufsförderung ist immer eine zeitlich befristete Aktivität mit Aktionscharakter, die zur Erhöhung der Nachfrage dient und für Aufmerksamkeit sorgt. Sie sollten zum Beispiel in regelmäßigen Abständen einen Stand vor Ihrem Restaurant aufbauen, um einerseits Werbung zu verteilen und oder andrerseits durch kleine Aufmerksamkeiten oder Kostproben Ihrer Speisen einen positiven Eindruck zu vermitteln.

»Aktionen in regelmäßigen Abständen wiederholen.«

37. Pressemitteilungen an Zeitungen, Radio

Als Instrument der Öffentlichkeitsarbeit umfasst Pressearbeit die Bereitstellung von Informationen für die Presse. Denken Sie unbedingt bei der Umsetzung eines Umweltkonzeptes (Go Green) oder bei einem sonstigen außergewöhnlichen Angebot oder Event daran, die lokale Presse mittels einer Pressemitteilung zu informieren. Presse ist die beste Form der Werbung, weil sie sehr glaubwürdig ist und zu dem kostenlos ist. Auch sollte im Rahmen der Eröffnung die Presse informiert und eingeladen werden. Empfänger sind je nach Konzept und Außergewöhnlichkeit des Ereignisses die lokalen Zeitungen und vielleicht Rundfunkanstalten. Für eine Pressemitteilung gibt es natürlich Regeln. Vergewissern Sie sich, dass die Pressemitteilung zweckdienlich ist und Ihre wahre Idee verbreitet. Es gibt im Internet Formatvorlagen mit denen Sie eine gute Pressemitteilung schreiben können. Sollten Sie sich nicht trauen, finden sich auch Agenturen die dieses für Sie übernehmen. Dann haben Sie auch eine gute Vorlage, für die nächste Pressemitteilung.

»Gäste glauben der Presse. Nutzen Sie das.«

38. Gelbe Seiten oder das Örtliche

Tragen Sie sich bei den Branchenverzeichnissen ein. Achten Sie auf die Korrektheit aller Informationen wie beispielsweise Restaurantname, Adresse, Webseite, E-Mail, Fax oder Telefonnummer. Viele potenzielle Gäste nutzen immer noch diese etwas älteren Verzeichnisse, um das richtige Restaurant zu finden. Wie die Eintragung funktioniert, wird Ihnen auf der jeweiligen Internetseite gut erklärt.

»Gutes Mittel um Senioren zu erreichen.«

39. Handelskammer Mitgliedschaft

Treten Sie der lokalen Handelskammer bei, auch wenn Sie es nicht müssen, um so von den Vorteilen zu profitieren. Sie können dort nicht nur netzwerken, sondern auch anbieten bei Veranstaltungen das Catering zu übernehmen. So vernetzen Sie sich immer mehr und Sie machen zusätzlichen Umsatz.

»Sehr gut, um zu Netzwerken und neue Trends zu entdecken.«

40. Partnerschaften

Gehen Sie mit vertrauenswürdigen Gastronomiebetrieben in Ihrer Umgebung Partnerschaften ein, die Ihre Qualitätsurteile erfüllen und empfehlen Sie diese. Ihre Partner werden gleiches auch für Sie machen. Das ist eine sehr gute Möglichkeit neue Gäste zu gewinnen.

»Empfehlungen funktionieren erstaunlich gut.«

41. Guerilla-Marketing

Erkennen Sie auch die Chancen des Guerilla-Marketings. Diese Methoden sind immer eine gute Möglichkeit, um auf sich besonders aufmerksam zu machen und im Gespräch zu bleiben. Kennzeichen des Guerilla-Marketings ist mit möglichst geringen Kosten eine möglichst hohe Aufmerksamkeit zu erzielen. Maßnahmen können sein, Streetbranding mit Restaurantnamen und oder Logo. Selbstverständlich mit wasserlöslichen ökologischen Farben. Möglich sind auch handgeschriebene Sprüche auf der Kassenbonrückseite, oder Zitate, Witze, Geschichten oder Ähnliches auf den Verpackungen. Oder aber auch die Projektion von Bildern, Texten oder Videos auf öffentliche Flächen mit Videoprojektor oder Laser. Einen "WOW-Effekt" auszulösen ist hier sehr wichtig. Ihrer Kreativität sind hier keine Grenzen gesetzt. Haben Sie nur den Mut sich von der Masse abzuheben, denn nur so kommen Sie zu überdurchschnittlichen Umsätzen. Achten Sie aber immer auf die Legalität Ihrer Maßnahmen.

»Seien Sie kreativ, aber nicht illegal.«

42. Produktveränderungen

Sie sollten über Produktveränderungen nachdenken. Haben Sie keine Angst neues auszuprobieren. Denn auch der Hamburger wurde erst mit einer Käsevariationsidee eines Pioniers zum Cheeseburger.

»Neues weckt die Lust der Gäste und aktiviert sie immer wieder.«

43. Produktelimination

Haben Sie keine Furcht Produkte aus der Karte zu nehmen. Denn wenn keine Produkteliminierungen erfolgen würden, würde die Karte immer umfangreicher werden, und das hätte fatale Folgen für Ihre Wettbewerbsfähigkeit und den Gewinn des Unternehmens. Die Streichung von Produkten trifft insbesondere auf alte Produkte zu die nicht mehr gehen oder neue Produkte, die gefloppt sind. Kriterien können bei einer Prüfung, ob ein Produkt eliminiert werden soll, leicht im Internet gefunden werden. Geben Sie zu diesem Zweck in einer Suchmaschine "Produktelimination Kriterien" ein. Die Produkteliminierung wird von vielen Faktoren bestimmt. Sie sollten genau analysieren und erst dann entscheiden.

»Gästen werden Enttäuschungen durch lausige Gerichte erspart.«

44. Produktinnovation

Zögern Sie nicht neue Produkte zu erfinden und diese in die Karte aufzunehmen, um dem fortschreitenden Gästebedürfnissen gerecht zu werden. Moderne Gäste wollen immer mal wieder was Neues auf der Karte sehen und so werden Sie als Innovator wahrgenommen und Sie bleiben im Gespräch.

»Erfindungen erzeugen im Social Media Zeitalter viel Aufsehen.«

45. Preisdifferenzierung

Preisdifferenzierung besagt, dass das Restaurant unterschiedliche Preise für die gleichen Speisen und Getränke verlangt. Das ermöglicht Chancen an Gäste heranzukommen, die ansonsten nicht in den gastronomischen Betrieb kämen. Sie müssen zwar je nach Differenzierung niedrigere Gewinnspannen in Kauf nehmen, dieses Defizit sollte aber durch höhere Verkaufszahlen mindestens wieder ausgleichen werden können. Ziel ist ein höherer Gesamtgewinn und ein Image-Effekt. Beispielsweise können Sie Schülern und Senioren Rabatte geben. Der Image Effekt wirkt sich auch positiv auf die Normal-Zahler aus.

»Verschiedene Preise um alle zu erreichen.«

46. Preisstrategie

Es gibt drei mögliche Preisstrategien in diesem Zusammenhang; Niedrig-, Markt- und die Hochpreisstrategie. Wenn Sie sich für die Niedrigpreisstrategie entscheiden, dann seien Sie sich bewusst, dass die Gäste immer wieder schnell zu anderen Anbietern wechseln werden, sobald andere preisgünstiger sind. Die Gäste reagieren somit sehr preiselastisch. Wählen Sie die Marktpreisstrategie, dann müssen Sie die marktübliche Qualität anbieten, um auf den Markt langfristig zu bestehen. Ihre Gäste sind hier aber immer noch sehr preissensibel und wandern schnell zur Konkurrenz ab. Entscheiden Sie sich für die Hochpreisstrategie, so muss das Produkt qualitativ sehr hochwertig sein oder ein hohes Image (Markenbildung) muss den Preis rechtfertigen. Hier haben Sie eine höhere Gästebindung, geringere Preissensibilität, aber auch hohe Wareneinsatzkosten. Achten Sie aber in allen Fällen unbedingt darauf, dass Verkaufspreis und Warenqualität mindestens übereinstimmen. Wenn Sie gar eine höhere Markt-Qualitätsposition für Ihre Produkte einnehmen können, als der Verkaufspreis aussagt, dann haben Sie alles richtig gemacht. Vergessen Sie nicht, egal welche Preisstrategie Sie wählen, und wie Ihre Qualitätsposition letztlich ist, alle in diesem Ratgeber erwähnten Punkte dienen der Gästegewinnung und -bindung. Also überall überdurchschnittlich sein und so Gäste langfristig binden. Generell gilt, der Preis ist das letzte Mittel im Marketing, um die Gäste zum kommen zu motivieren.

»Der Preis ist das Kennzeichen für Qualität.«

47. Up-Selling & Cross-Selling

Bei der Up-Selling-Methode offeriert man den Gästen höherwertige Gerichte als Empfehlung. Sie werden sich wundern wie viele dieses Angebot nutzen werden. Aber achten Sie darauf niemanden zu bedrängen. Fingerspitzengefühl ist hier gefragt, ansonsten kann sich der Gast schnell gestresst fühlen. Beim Cross-Selling hingegen werden einfach Zusatzverkäufe an denselben Gast getätigt.

»Achten Sie darauf niemanden zu bedrängen.«

48. Freundlichkeitsmanagement

Seien Sie und Ihr Team in absolut jeder Situation mehr als nur freundlich. Vergessen Sie nicht, absolut jede Leistung entscheidet über die Rückkehr des Gastes. Und dazu gehört auch die Servicefreundlichkeit. Vergessen Sie aber auch nicht Ihre Lieferanten, denn diese sind auch besonders wichtig für den Betriebserfolg. Ganzheitliches Freundlichkeitsmanagment ist das Stichwort.

»Freundlichkeit muss wahrgenommen werden.«

49. Kommunikation mit den Gästen

Es ist von besonderer Bedeutung mit seinen Gästen eine überdurchschnittlich gute Kommunikation zu pflegen. Das heißt nicht, dass übertrieben viel gesprochen werden muss, aber es heißt, dass die Kommunikation ein wichtiges Instrument ist, um sich und den Betrieb zu präsentieren. Und aus diesem Grund heißt es überdurchschnittliches zielgruppengerechtes kommunizieren, um Gäste zu halten und ihnen ein Gefühl des Wohlwollens zu geben, was wiederum zu mehr Umsatz führt.

»Adäquate Kommunikation vermittelt Gastfreundschaft.«

50. Kennen Sie Ihre Stammkunden

Diese Maßnahme klingt simpel, ist aber ganz wichtig, um optimal den Bedürfnissen der Stammkunden nachzukommen. Vergessen Sie nicht, die Menschen gehen gerne dort hin, wo sie wissen, dass sie den immer wieder überdurchschnittlich guten Service bekommen. Bauen Sie eine nähe zu Ihren Gästen auf, das macht großen Eindruck, seien Sie versichert es wird sich rentieren. Aufmerksamkeit ist das Stichwort. Außerdem machen die Stammkunden meist einen Großteil des Umsatzes aus. Nutzen Sie hier auch die Tipps in diesem Ratgeber für mehr Erfolg bei der Gästebindung.

»Wer seine Stammgäste nicht kennt, kennt sein Geschäft nicht.«

51. Mehr Service als erwartet bieten

Stellen Sie sich vor Sie gehen in ein Restaurant und Sie bekommen mehr Serviceleistungen als Sie durch die Preiskategorie und oder das Konzept erwarten, was denken Sie dann? Ganz genau, das müssen Sie unbedingt erreichen, denn diese Methode ist eine sehr einfache aber eine sehr mächtige, wenn es darum geht seine Gäste zu beeindrucken. Seien Sie besser als alle denken. Diese Serviceleistungen sind die Tipps die sich in diesen Ratgeber auf die Leistungen beziehen die im Gastronomiebetrieb umgesetzt werden, wie optimales Freundlichkeitsmanagement, optimales Beschwerdemanagement, Einheitlichkeit des Services, Sauberkeit der Innenräume und des Außenbereichs, sauberes Geschirr und saubere Bestecke, Kommunikation, Aufmerksamkeit, etc. Quasi das Rundumsorglos-Paket. Das müssen Sie erreichen.

» Wenn Sie mehr leisten als erwartet wird, werden Sie erfolgreich.«

52. Beschwerdemanagement

Sehr gutes, beziehungsweise optimales Beschwerdemanagement ist besonders wichtig, denn sowohl Laufkundschaft als Stammkundschaft merkt es sich, wenn Ihr Team eine Beschwerde nicht professionell bearbeitet. Internet und Multiplikatoren können da schnell viele Gäste kosten. Also was machen? Sie sollten die Ware austauschen, dabei authentisch und freundlich sein und einen Bonus anbieten, wie beispielsweise ein Getränk. Das ist optimal für den betrieblichen Erfolg.

»Nehmen Sie auch Verbesserungsvorschläge freundlich an.«

53. Öffnungszeiten einhalten

Die angegebenen Öffnungszeiten sind strikt einzuhalten. Die Nichteinhaltung spricht sich schnell herum und macht keinen sehr professionellen Eindruck. Erstens verlieren Sie bei der Nichteinhaltung sehr schnell an Ansehen bei den Gästen, und zweitens kommen dann immer weniger Gäste, und das Schiff ist dann kaum noch zu retten. Bitte halten Sie daher unbedingt die angegeben Öffnungszeiten ein, denn das ist ein Muss für jeden Gastronomietyp. Und vergessen Sie nicht die Öffnungszeiten auf Ihrer Internetpräsenz hinzuzufügen. Sie glauben nicht wie oft dieses vergessen wird.

»Schließen Sie nicht früher, ansonsten schließen Sie bald ganz.«

54. Überdurchschnittliche Sauberkeit einhalten

Es ist ganz wichtig, dass es vor Ihrem Restaurant, in Ihrem Restaurant, in Ihrer Küche und in den Sanitäranlagen stets überdurchschnittlich sauber und rein ist. Gäste reagieren sehr empfindlich, wenn etwas dreckig ist, und entscheiden dann ob sie bleiben oder gehen und ob sie überhaupt wiederkommen werden. Weiters übertragen die Gäste die eventuelle Unsauberkeit auf unsaubere Speisen und die allgemeine Hygiene im ganzen Betrieb. Daher lassen Sie nicht Ihre Gäste die Entscheidung über eine

Wiederkehr treffen, Sie sollten die Entscheidung unter anderem durch überdurchschnittliche Sauberkeit für sie getroffen haben. Für die Sanitäranlagen bietet sich eine Reinigungsliste an, die im Stunden-Takt unterschrieben wird. Das kommuniziert Service und Professionalität. Produkte sollten nur unter absolut hygienischen Gesichtspunkten berührt werden. Es bieten sich hier auch Handschuhe an. Tische sollten nach jedem Gast professionell gereinigt werden und Teller möglichst nur an der Unterseite berührt werden. Vergessen Sie nicht Sie kommunizieren auch hier etwas und das muss Professionalität sein.

»Meiden Sie das Berühren der Speisen vor den Augen der Gäste.«

55. Speisekartenaushang

Das ist wichtiger als es auf den ersten Blick erscheint. Eine nicht passende Präsentation der Speisekarte in der Vitrine suggeriert dem potenziellen Gast was er zu erwarten hat. Sauberkeit, regelmäßiges Austauschen der Speisekarte, Aktualität und Beleuchtung sind Basics. Nehmen Sie das bitte ernst und lassen Sie die Gäste in Ruhe darauf schauen ohne in ihren Privatbereich hinein zu stolpern. Niemand mag es beim kurzen Blick auf die Speisekarte beobachtet zu werden oder gleich einen Tisch angeboten zu bekommen. Das Marketing - Ihre Karte und das gesamte

Konzept - sollte dem Gast die Entscheidung abnehmen, und nicht Ihre Fürbitte.

»Achten Sie unbedingt auf Sauberkeit und Gründlichkeit.«

56. Speisekarte
Hier ist es wichtig darauf zu achten, dass die Speisekarte nicht zu umfangreich ist. Die Speisekarte sollte nicht überquellen vor Gerichten. Zu viele Gerichte verursachen zu hohe Warenvorhaltekosten, ganz abgesehen davon, dass viele Waren sehr schnell verderben. Weiters verunsichern zu viele Gerichte die Gäste bei ihrer Entscheidung. Studien belegen, dass zu viel Auswahl Stress verursacht und welcher Gastronom will gestresste Gäste bewirten. Im Ernst, wer will minutenlang suchen. Außerdem, wer kann schon 50 Gerichte perfektionieren ohne Qualitätsverluste zu erleiden bzw. Lerneffekte zu blockieren. Die Gäste merken sich das und das ist nicht besonders professionell. Bedenken Sie, es ist nicht wichtig wie viele Gerichte Sie anbieten, es ist wichtig ob Sie Ihre Zielgruppe ansprechen und binden können, damit sich langfristiger Erfolg einstellt. Wichtig auch zu wissen, dass Sie Ihre einträglichsten Gerichte am oberen Rand des Menüs platzieren sollten, denn die meisten Menschen neigen dazu, Gerichte die weiter unten auf der Karte stehen nicht

mehr zu lesen. Alternativ können Sie Ihre erträglichsten Gerichte innerhalb eines hervorgehobenen Bereiches positionieren, so dass sie sich abheben. Studien zeigen, dass diese Methode sehr profitabel ist. Lassen Sie auch die Euro-Angabe auf der Karte nach jedem Gericht weg, und schreiben Sie nur einmal auf der letzten Seite der Karte, dass die Preise in Euro sind. Die Gäste sind dann nicht so preissensibel. Beispiel: „Rumpsteak 200g 14,90". Des Weiteren bieten Sie auch unbedingt immer eine teure Option in der jeweiligen Sparte auf der Karte an, denn Gäste wählen dann meist die mittelteure Preiskategorie. Das bringt Ihnen mehr Umsatz als ohne diese teure Variante und die Gäste haben so ein besseres Gefühl beim Geldausgeben. Achten Sie auch auf die Formulierung auf der Karte, schreiben Sie nicht einfach langweilige Namen für Ihre Gerichte, seien Sie kreativ im Rahmen Ihres Konzeptes. Heben Sie sich ab. Speisen für Kinder sollten auch nicht vergessen werden. Nicht zu vergessen, eventuell eine englische Karte zu gestalten, wenn Ihre Lokalität im touristischen Raum liegt. Ferner ist es mir wichtig noch eines zu erwähnen, wenn ein Restaurant andere Gerichte anbietet, die nicht zu seinem Konzept passen, dann wirft das kein gutes Bild auf die eigentliche Leistung des Konzeptes. Das heißt, einfach gesagt, wenn eine Pizzeria noch Döner anbietet, dann passt das irgendwie nicht zusammen und beide Speisen, auch wenn sie gut sein mögen, verlieren an Wertigkeit. Meiden Sie das. Machen Sie lieber Ihre Pizza zur Besten in der Stadt und lassen Sie es mit Marketing alle wissen. Überdies sollten zuordenbare QR-Codes auf der letzten Seite der Speisekarte heutzutage ein muss sein, um Ihre Webseite und Ihre diversen Sozialen Medien bekannt zu machen.

»Lieber wenige perfekte Gerichte, als viele Durchschnittliche.«

57. Neuer Look der Speisekarte

Verabreichen Sie Ihrer Speisekarte ein neues Aussehen. Bedenken Sie dabei, dass die Karte quasi Ihre erste Empfehlung ist, was wiederum bedeutet, dass der Gast hier sehr sensibel ist. Es ist so ziemlich das Erste das der Gast in Ihrem Restaurant detailliert betrachtet. Hier wird alles wahrgenommen, von Sauberkeit, Rechtschreibung bis hin zur Aufmachung. Das sich dann einstellende Gefühl überträgt der Gast dann auf das ganze Restaurant. Weiters benutzen Sie bitte nicht das gewöhnliche 80 Gramm Druckerpapier. Ich empfehle Ihnen 90 Gramm Papier in Beige oder hellem Grau. Zeigen Sie sich von Ihrer besten Seite. Zuordenbare QR-Codes auf der letzten Seite der Speisekarte sollten nicht fehlen, um Ihre Webseite und Ihre diversen Sozialen Medien bekannt zu machen.

»Achten Sie auf Sauberkeit und Fehlerfreiheit.«

58. Vor-Vorspeisen

Eine weitere gute Methode der Gästebindung ist es, direkt nach der Bestellung den Gästen Brot oder Gemüse mit einem Dip zu servieren. So eine Art Tapas, das bereits vorbereitet ist, um den Gästen das Warten auf das eigentliche Essen zu versüßen. Seien Sie hier kreativ bei der Auswahl des Angebotes. Die Gäste nehmen dieses Gratisangebot gerne an und teilen das mit ihren Freunden, was zu noch mehr Gästen führt. Teilen Sie den Gästen aber mit, dass dies ein Gratisangebot ist. In diesem Zusammenhang ist es empfehlenswert eigenes Brot zu backen. Immer wenn ich in ein Restaurant gehe und selbst gebackenes Brot serviert bekomme, stellt sich gleich bei mir ein angenehm erfreutes Gefühl ein. Das ist bestimmt bei Ihnen auch so. Also nutzen Sie diese weitere Möglichkeit sich von der Konkurrenz abzuheben. Ich bin sicher es wird sehr gut ankommen.

»Gäste lieben Gratisangebote.«

59. Catering anbieten

Bieten Sie doch ein Catering Service an und nutzen Sie so die Chance mehr Umsatz für Ihr Restaurant zu erzielen. Sie müssen nicht unbedingt große Events catern, es besteht auch die Möglichkeit Büros in der Nähe mit Getränken und Häppchen etc. zu beliefern. Oft gibt es auch Konferenz- oder Seminareinrichtungen in der Nähe die Ihr Angebot gerne annehmen. Recherchieren Sie gut, melden Sie sich zuerst telefonisch, und schreiben Sie dann ein Angebot an die verantwortliche Person in der Einrichtung. Natürlich ist auch Catering mit Kosten und Mühen verbunden, doch durch eine gute Kalkulation der Kosten und Preise verbirgt sich hier vielleicht eine sehr gute Chance für Ihr Restaurant. Bedenken Sie, alle Kosten für Marketing-Maßnahmen sind Investitionen in einen Mehrertrag, und genau das sollte Ihre Denke sein.

»Hierin liegt eine große Chance auf Stammkundschaft.«

60. Straßenfeste

Nehmen Sie an Straßenfesten teil. Auch hier liegen Möglichkeiten sich zu präsentieren. Informieren Sie sich Internet über Termine, und buchen Sie rechtzeitig einen Platz. Bedenken Sie den Spagat zwischen den Erwartungen der Gäste und dem Anderssein als Ihre Konkurrenten. Anderssein ist hier sehr wichtig aber nur im Rahmen Ihres Konzeptes. Versuchen Sie unbedingt Ihr Alleinstellungsmerkmal zu präsentieren. Seien Sie auf alles vorbreitet, und vor allem seinen Sie professionell in allen Bereichen. In diesem Rahmen passt es nur Ihre Bestseller anzubieten, aber vergessen Sie nicht, Sie bieten nicht nur Ihre Produkte an, sondern sind auch ein Dienstleister und das bedeutet, dass Ihr gesamter Service optimal abgestimmt sein muss. Angefangen vom einheitlichen Auftreten bis hin zum Beschwerdemanagement. Aber wenn Sie das gut machen, dann macht das was her, und das bringt neue Gäste.

»Verkaufen Sie nur Ihre Bestseller auf Straßenfesten.«

61. All you can eat

Bei einem „All you can eat" - Angebot zahlt der Gast einen festen Preis auf ein Gericht und kann dann soviel davon essen wie er möchte bzw. kann. Diese Form eines Angebotes ist bei den Gästen sehr beliebt und sorgt für positive Mund-zu-Mund-Propaganda. Sie können dieses Angebot auf den umsatzschwachen Tag in der Woche legen, um so für mehr Gäste und Umsatz zu sorgen. Sie könnten nun glauben, so etwas rentiert sich vielleicht nicht, aber das tut es, denn es erhöht Ihre Bekanntheit im lokalen Einzugsgebiet und durch die Mengen an Wareneinsatz bekommen Sie wahrscheinlich von Ihrem Lieferanten einen besseren Preis. Darüber hinaus sind die Mehrkosten für den Wareneinsatz nur gering bis mittelmäßig höher als bei demselben à la carte Gericht, denn soviel Essen kann fast niemand. Extra Getränke und Belegung Ihrer Kapazitäten gleichen das Defizit zusätzlich aus. Es wird immer ein paar Ausreißer geben, die zu viel bestellen, aber das sollten Sie nicht als Problem ansehen, sondern als Chance. Bitten Sie doch die Gäste, es in den sozialen Medien zu posten, wenn sie es nicht geschafft haben aufzuessen. Und schon erhöht sich dadurch Ihre Bekanntheit noch einmal.

»Wählen Sie ein schmackhaftes und kostengünstiges Produkt aus.«

62. Offenes Buffet

Bei einem offenen Buffetangebot zahlt der Gast einen festen Preis auf eine bestimmte Anzahl von Speisen und kann dann soviel von ihnen essen wie er möchte bzw. kann. Sie können auch dieses Angebot auf den umsatzschwachen Tag in der Woche legen, um so für mehr Gäste und Umsatz zu sorgen. Oder Sie richten gar Ihr ganzes Konzept darauf aus. Ich kenne chinesische Restaurants die damit sehr gut fahren. Also überdenken Sie Ihre Position und wägen Sie ab, ob es zu Ihrem Konzept passt, und sich das Buffetkonzept unter ökonomischen Gesichtspunkten rentiert. Aber bedenken Sie, einfach ein offenes Buffet oder ein anderes Angebot anbieten und auf Erfolg warten funktioniert nicht, Sie müssen die Tipps in diesem Ratgeber umsetzen und so Bekanntheit und Beliebtheit erhöhen, dann stellt sich Erfolg ein.

»Kein minderwertiges Buffet anbieten, ansonsten lieber keines.«

63. Brunch

Sie sollten auch über ein Brunchangebot nachdenken, dass eine Speisenangebotsform bezeichnet, welches sich aus Frühstück und Mittagessen zusammensetzt. Diese Form des Buffets ist mittlerweile sehr beliebt und wenn gut gemacht, kann das auch eine Chance sein, um Gäste auf das Abendangebot zu lenken. Achten Sie hier auf ein umfassendes Angebot, denn Brunchgänger sind meist Fachleute, was das angeht und erkennen sofort Qualität und Angebot. Bedenken Sie immer, alles spricht sich schnell herum und Fehler besonders schnell.

»Bitte keinen minderwertigen Brunch anbieten.«

64. XXL Angebote

Eine weitere gute Idee, um für Aufmerksamkeit zu sorgen, ist es auch Speisen im XXL Format anzubieten. Diese Speisen sollten aber auf das Konzept abgestimmt sein. Beispielsweise kann ein Restaurant mit deutschen Speisen, XXL Schnitzel auf die Karte setzen. Oder ein Burgerladen einen Burger mit 3,4 oder 5 Lagen Fleisch anbieten. Das erregt aufsehen, wird von den Gästen im Internet gepostet und erhöht somit die Bekanntheit und dann folglich die Anzahl der Gäste. Manche mögen es für dekadent halten, aber aufsehen macht es dennoch. Sie sollten aber wie immer darauf achten keine Tiefkühlware einzusetzen. Frische Produkte sind ein Genuss für jeden Gast und das spricht sich dann schnell positiv herum und bringt noch mehr Gäste. Auch hier, wie bei allen Angeboten gilt, kommunizieren Sie das Angebot, denn was keiner weiß, kann auch keinen anziehen.

»XXL Angebote machen sehr großes Aufsehen.«

65. Grillabende

Grillabende zu realisieren, bei denen die Spezialitäten des Hauses vor den Augen der Gäste im Sommergarten gegrillt werden, erfreuen sich wieder steigender Beliebtheit. Scheuen Sie nicht den Kontakt zu den Gästen. Sie müssen und sollten ihn sogar suchen, doch vergessen Sie nicht, die Art und Weise muss zu Ihrem Konzept passen.

» Grillabende vermitteln Vertrautheit.«

66. Besonders teures Produkt

Ein besonders teures Gericht oder ein besonders teures Getränk erhöht ebenfalls die Aufmerksamkeit. Einige Cafés haben den Katzenkaffee oder genauer gesagt den Kopi Luwak Kaffee auf der Karte für ca. 40 € die Tasse. Klingt erst etwas witzig, aber das erregt Aufmerksamkeit und letztlich ist das ein Hauptbestandteil des Marketings. Mit dieser Methode wird die Bekanntheit erhöht und damit schließlich auch die Frequentierung des Gastronomiebetriebes. Weiters gibt es Currywurst-Anbieter, die teuren Champagner zu ihrer Currywurst reichen. Lassen Sie sich etwas einfallen, dann wird man über Sie reden.

»Aufsehen führt zu Mund-zu-Mund-Propaganda.«

67. Frühstücksangebot

Es ist auch nicht verkehrt, über ein üppiges Frühstücksangebot nachzudenken. Viele Cafés haben sich das zu eigen gemacht und fahren damit sehr gut. Auch als offenes Frühstücksbuffet möglich. Beachten Sie aber unbedingt die Frische der Produkte, denn gute Qualität erkennen die meisten Gäste nur an der Frische. Und diese darf nicht unbeachtet bleiben. Des Weiteren können Sie sich von einer Bäckerei spezielle Brötchen backen lassen, die es nur bei Ihnen gibt. Gäste bemerken das, und das macht Eindruck. Oder reichen Sie selbst gebackenes Brot, auch das kommt sehr gut an. Vergessen Sie nicht, Sie müssen das Frühstücksangebot auf allen Kanälen kommunizieren, ansonsten bleiben die Gäste aus.

» Eine sehr gute Möglichkeit das Café auch morgens zu füllen.«

68. Schneller Mittagstisch

Viele potenzielle Gäste haben wenig Zeit in der Mittagspause für einen längeren Aufenthalt im Restaurant und ziehen daher Fast Food einem Mittagstisch vor. Wenn Sie aber einen Mittagstisch im Restaurant anbieten, dann versuchen Sie es doch mal mit einem schnellen Mittagstisch und offerieren Sie Ihren Gästen, dass sie den Mittagstisch gratis erhalten, wenn sie das Gericht nicht binnen 10 Minuten serviert bekommen. (Gilt nicht für Getränke) Diese Methode macht einen Unterschied, und die Gäste werden aus Neugier zu Ihnen ins Restaurant hineinkommen. Die Zeit können Sie mit Timern stoppen. Selbst wenn es Ihnen nun nicht immer gelingt binnen 10 Minuten zu servieren, sehen Sie die ausgebliebenen Einnahmen nicht als Verlust an, denn diese sind nun gut investiert als quasi Werbeausgaben, die wiederum über die Zahl der Gäste, und ihrer Umsätze im Restaurant, reingeholt werden.

»Gute Vorbereitung in der Küche ist hier das A & O des Erfolgs.«

69. Menü-Angebote

Menü-Angebote einzurichten ist besonders ratsam für Fast Food Konzepte. Nehmen Sie sich da ein Beispiel an großen Fast-Food-Ketten. So erhöhen Sie nicht nur den Gesamtumsatz, sondern auch den operativen Gewinn. Achten Sie bei den Angeboten aber bitte darauf eine wirkliche Ersparnis einzukalkulieren, alles andere merken die Gäste und die ganze Aktion geht nach hinten los. Prinzip ist: Hauptgericht, Nebengericht und Softdrink als ein Menü.

» Bitte nur echte Angebote mit guter Ersparnis.«

70. Weinverkostungen

Sie brauchen nicht unbedingt einen Sommelier um Weinverkostungen durchzuführen. Wenn Sie einen guten Freund haben, der sich gut auskennt, kann Ihnen dieser hier vielleicht helfen. Sollten Sie aber über die finanziellen Mittel verfügen einen Sommelier engagieren zu können, dann ist dies natürlich die professionellere Alternative. Die Empfehlung sollte Wein und Gericht aussprechen, das selbstverständlich miteinander abgestimmt sein sollte.

»Kennen Sie Ihre Weine aus dem Effeff.«

71. Lesungen

Veranstalten Sie doch von Zeit zu Zeit Lesungen in Ihrem Restaurant. Sie werden erstaunt sein, wie gut so etwas ankommt. Beachten Sie aber, dass es zu Ihrem Konzept passen muss. In der Haute Cuisine ist es wohl eher nicht ganz das richtige Marketing Instrument, aber in dem einen oder andern kreativen Konzept ein akkurates Mittel, um für Aufsehen zu sorgen.

»Bieten Sie Lesungen nur als gelegentliche Aktionen an.«

72. Ausstellungen

Ausstellungen von lokalen Künstlern in Ihrem Restaurant erhöhen Ihr Ansehen, kommunizieren Sie als besonderes Restaurant und erhöhen

Ihre Anziehungskraft auf potenzielle Gäste. Wenden Sie sich hierzu persönlich an die Künstler vor Ort.

»Das Ansehen des Künstlers wird auf Sie übertragen.«

73. Livemusik

Livemusik Abende im Restaurant sind eine weitere Möglichkeit gutes Marketing zu betreiben. Seien Sie anders, versuchen Sie es doch mal, die Resonanz wird Ihnen recht geben. Livemusik ist eine besondere Leistung und es ist etwas, was nicht jedes Restaurant in der Umgebung anbietet. Diese Variante ist natürlich etwas teuer, aber sorgt für umso mehr Atmosphäre und Publicity. Amateur Musiker spielen jedoch auch für kleines Geld. Machen Sie einen Aushang an einer Musikhochschule oder fragen Sie Freunde. Wichtig ist es aber selbstverständlich, die Veranstaltung rechtzeitig zu kommunizieren. Vergessen Sie bei Livemusik bitte nicht eine Genehmigung vom Ordnungsamt einzuholen. Achten Sie auf Nachbarschaftshygiene durch eine adäquate Lautstärke. Laden Sie doch die Nachbarn persönlich ein, das macht einen guten Eindruck und mehr Umsatz. Beachten Sie die GEMA-Gebühren, die Sie eventuell zahlen müssen für Musik im Gastronomiebetrieb. Auf der Seite https://www.gema.de finden Sie alle notwendigen Informationen.

»Livemusik bedeutet nicht Disco, sondern dezente Begleitung.«

74. Valentinstags-Spezial

Wie wäre es mit einem Valentinstags-Spezial für Paare. Sie könnten dezent dekorieren und beispielsweise den Paaren ein Bonus anbieten in der Form, dass sie ein Gericht zahlen und eines gratis erhalten. Ganz in dem Sinne: „Zwei Herzen sind eins." Versuchen Sie es doch mal. Auch wenn dieser Tag nicht unbedingt viel Gewinn erbringt, er sorgt für Gesprächsstoff und das ist Marketing.

»Bitte nur dezent dekorieren.«

75. Muttertags-Spezial

Müttern einen besonderen Rabatt anzubieten ist eine weitere Möglichkeit Ereignisse zu verwenden, um für mehr Aufsehen zu sorgen.

»Mütter sind gute Kommunikatoren.«

76. Vatertags-Spezial

Aktionen am Vatertag bieten sich generell besonders gut in Schankwirtschaften an, sind aber auch für Restaurants geeignet. Geben Sie doch ab und an Kurze aus. Diese sind nicht die Teuersten, und sorgen für Freude. Diese Aktion kann auch in jedem anderen Konzept angewendet werden.

»Gratisgetränke wirken sich positiv auf die Kundenbindung aus.«

77. Weihnachts-Spezial

Viele Menschen lieben es sich Weihnachten im Restaurant, oder in der Schankwirtschaft aufzuhalten. Nutzen Sie diese Gelegenheit, um sich professionell zu präsentieren. Adäquate Angebote sind eine gute Chance Gäste zu binden.

»Bitte nur dezent dekorieren.«

78. Silvester-Spezial

Eine Silvester-Aktion ist eine weitere Chance sich zu präsentieren. Bedenken Sie, es ist nicht wichtig, bei Aktionen immer ein Plus zu machen, sondern es ist wichtig, die Gäste so zu aktivieren, dass sie langfristig gebunden werden. Denn der Sinn von Aktionen ist es, sich immer wieder in das Gedächtnis der Gäste zu setzen und nicht durch diese unbedingt einen kurzfristigen Mehrertrag zu erwirtschaften.

»Eine Silvester-Tombola ist eine gute Idee.«

79. Sport-Events
Spiele der lokalen Bundesligamannschaft oder gar das der Nationalmannschaft können weitere gute Anlässe sein. Ebenso können es Olympiade, Champions League, Leichtathletik-Events oder ähnliche Veranstaltungen sein. Offerieren Sie den Gästen besondere Menüs, oder schenken Sie ein Gratisgetränk aus. So etwas wie: „Das letzte Bier ist gratis", macht die Aktion sinnvoll. Ihre Gäste werden es Ihnen mit einem wieder sehen danken. Informieren Sie sich bei der GEZ über die Gebühren für TV-Übertragungen in der Gastronomie. Die Tarife sind hier je nach Größe der Lokalität unterschiedlich hoch.

»Schenken Sie auch mal ein Gratisgetränk aus.«

80. Wohltätigkeitsaktionen

Sie sollten darüber nachdenken, eine Wohltätigkeitsaktion in Ihr Konzept mit einzubauen. Sie könnten zum Beispiel eine regelmäßige bzw. monatliche Spende an einen lokalen Kindergarten entrichten. In diesem Fall bietet es sich an die Presse darüber mittels Pressemitteilung zu informieren, um weitere Öffentlichkeitsarbeit zu leisten. Das macht einen guten Eindruck bei Ihren Gästen und spricht sich herum.

»Wohltätigkeitsaktionen erhöhen den Grad der Seriosität.«

81. Happy Hour

Bieten Sie Ihren Gästen eine Happy Hour an. Sie können die Happy Hour nach ermessen ausdehnen, das liegt ganz an Ihnen. Zum einen füllt diese Maßnahme das Restaurant recht gut und zum anderen haben Sie dann die Möglichkeit die Gäste durch Ihre anderen Marketingmaßnahmen langfristig zu binden. Vor allem aber ist ein volles Restaurant ein Hingucker und Magnet für die Laufkundschaft. Sie müssen nicht nur Getränke einbeziehen, versuchen Sie es mal mit ausgewählten Speisen. Beziehen Sie aber nur Gerichte mit ein, die für Sie wirtschaftlich vertretbar sind.

»Sie bestimmen wie lange die Happy Hour geht.«

82. Schlag-die-Uhr-Methode

Eine weitere Möglichkeit ist die Schlag-die-Uhr-Methode, die in US-Restaurants sehr beliebt ist. Sie ist eine gute Möglichkeit den Umsatz an umsatzschwachen Tagen zu steigern. Beispielsweise können Sie ab der Öffnung des Restaurants, am umsatzschwachen Tag, die Preise für Ihre Gerichte stündlich um 50 Cent erhöhen. Natürlich müssen Sie einen passenden Ausgangspreis festsetzen. 50% des Maximalpreises bieten sich hier an. Die Aktion sollte bis zum Abend gehen, bis der Maximalpreis erreicht ist. Bitte kalkulieren Sie die Erhöhungsschritte gut. Sparsame Gäste werden diese Art von Marketingmaßnahme lieben. Vergessen Sie nicht diese Werbemaßnahme früh zu kommunizieren.

»Sehr interessantes, da seltenes Mittel.«

83. Nachbarschafts-Aktion

Ein weiteres Instrument ist es, alle Restaurantinhaber aus der näheren Umgebung samt Begleitung zum Buffet einzuladen. So lernen Sie Ihre

Konkurrenz kennen und tauschen sich positiv aus. Netzwerke beim Einkauf könnten so entstehen oder gar mehr.

» Nachbarschaftsharmonie muss unbedingt gegeben sein.«

84. Spezialsaucen zum Mitnehmen

Wenn Sie eine spezielle Sauce haben, dann scheuen Sie sich nicht diese abzupacken, und für den Außer Haus Verkauf bereitzustellen. So verkaufen Sie ein weiteres Produkt, erweitern Ihr Angebot, und erhöhen auf diese Art und Weise die Wahrscheinlichkeit, dass die Gäste wieder bei Ihnen im Restaurant erscheinen, da sie jetzt auch zu Hause immer wieder an Sie denken, wenn sie die Sauce benutzen.

» Eine gute Chance anders zu sein.«

85. Lokale Waren

Viele Gäste lieben lokale Waren, und einige verlangen sogar nach ihnen. Lokale Waren müssen nicht immer teuer sein, recherchieren Sie gut und unter Umständen sind diese sogar günstiger für Sie. Somit schlagen Sie zwei Fliegen mit einer Klappe. Natürlich kommt es ganz auf Ihr Konzept an, ob es etwas für Sie ist, aber denken Sie darüber nach.

»Auch nachhaltige Produkte sind hier von Bedeutung.«

86. Tageskarte
Eine Tageskarte mit 5 bis 6 Gerichten ist eine gute Möglichkeit für Bistros und kleine Gastronomiebetriebe sich professionell zu präsentieren. Sie spezialisieren sich hier auf einige wenige Gerichte und können so diese in bester Qualität anbieten. Die Tageskarte sollte wöchentlich gewechselt werden. Kombinieren Sie doch Tagesgerichte mit Softgetränken im Menü.

»Sie müssen die Zielgruppe ansprechen.«

87. Tagesgericht
Wechselnde Tagesgerichte sind eine gute Möglichkeit die Aufmerksamkeit der Gäste zu schärfen. Wichtig ist es in diesem Zusammenhang, die Angebote zu kommunizieren, denn was die Gäste nicht wissen, geht ins

Leere. Twitter bietet sich hierfür besonders gut an, wie übrigens bei allen Angeboten. Siehe Twitter-Tipp.

»Nicht immer Kürbiscremesuppe. Sein Sie bitte kreativ.«

88. Mittagstisch

Bieten Sie einen Mittagstisch an, wenn Sie ein größeres Restaurant haben. Getränke Aktionen sollten auch nicht fehlen. Seien Sie nicht langweilig bei der Auswahl Ihrer Speisen und versuchen Sie ein bisschen Abwechslung in Ihr Mittagstischkonzept zu bringen. Die Gäste werden es Ihnen mit Wohlwollen honorieren. Viele potenzielle Gäste warten oft auf solche Möglichkeiten, um ein Restaurant aufzusuchen, und dann liegt es an Ihnen, ob sie auch wiederkommen und vielleicht sogar das Abendangebot annehmen.

»Kooperieren Sie mit Firmen in Ihrer Nähe, die keine Kantine haben.«

89. Offene Küche

Sollten Sie die Möglichkeit haben eine offene Küche zu installieren, so kann ich das nur empfehlen. Ich empfinde es jedenfalls immer als ein Highlight des Restaurants. Bedenken Sie jedoch, dass dann besonders auf die Kommunikation in der Küche zu achten ist. Sollte diese Reibungslos ablaufen, bringt es nur Vorteile. Denken Sie darüber nach.

»Das macht essen gehen zum Erlebnis.«

90. Anrichtung der Speisen

Denken Sie daran, dass die Visualisierung Ihrer Speisen besonders wichtig ist. Geben Sie Ihren Speisen eine Identität und erhöhen Sie damit das Potenzial, dass Ihre Gäste wiederkommen. Lieblose Präsentation der Speisen ist so ziemlich das schlimmste optische Vergehen. Machen Sie nicht diesen Fehler und seien Sie auch hier überdurchschnittlich. Es müssen auch nicht immer gewöhnliche Teller sein. Ausgefallene Ideen gibt es genug. Im Internet gibt es hierzu viele interessante Anregungen, aber besonders bietet sich hier Foursquare an. Klicken Sie sich bei diesem Anbieter, durch ähnliche Restauranttypen, und schauen Sie sich dort die Bilder an. Sie werden garantiert Inspirationen finden.

»Lassen Sie sich im Internet inspirieren.«

91. Produktqualität

Bieten Sie auf keinen Fall minderwertige Waren an, weder bei Lebensmitteln, noch bei Getränken. In Qualität und Frische bedeutet es überdurchschnittlich zu sein, und nichts anderes darf und muss Ihr Ziel sein. Sparen Sie hier nicht an der falschen Stelle. Wenn Sie überdurchschnittlich viel Umsatz machen wollen, dann geht das nicht mit Kostenminimierung beim Wareneinsatz. Qualität wird schnell wahrgenommen und ist eines der besten Empfehlungen, abgesehen davon ist es eines der Hauptkriterien der Gäste bei der Beurteilung eines Gastronomiebetriebes. Die Qualität eines Produktes ist und kann auch ein Alleinstellungsmerkmal sein, welches einen Konkurrenzvorteil impliziert. Viele Gastronomiebetriebe sparen hier, und das macht sie angreifbar. Nutzen Sie hier Ihre Chance und bieten Sie von Anfang an überdurchschnittliche Qualität an. Sie werden nun sagen, das kostet, ja das stimmt, doch durch die Qualität Ihrer Produkte multipliziert sich Ihr Gästeaufkommen und das wirkt sich als Hebeleffekt auf Ihren Umsatz und Ihren Gewinn aus. Ich zahle beispielsweise gern 1 € mehr für einen sehr guten Yaprak Döner Kebab und nehme einen Weg von einer halben Stunde Fahrt in Kauf, nur weil die Qualität mich überzeugt hat. Und genau das muss Ihr Ziel sein. Das bedeutet, dass überdurchschnittliche Qualität definitiv seine Anziehungskraft hat.

»Minderwertige Waren haben in Ihrem Restaurant nichts zu suchen.«

92. Seine Produkte kennen
Es ist sehr wichtig, die Produkte zu kennen die verarbeitet wurden, bzw. gereicht werden. Die vermittelten Kenntnisse lassen Sie nicht nur professionell wirken, sondern erhöhen auch Ihr Ansehen. Bitte informieren Sie sich mehr als ausreichend, denn es ist immer unprofessionell sagen zu müssen: "Das weiß ich nicht." Oft passiert es bei Weinen, die auf der Karte stehen. Also vermeiden Sie diese Peinlichkeit.

»Wer seine Produkte nicht kennt, läuft Gefahr sich zu blamieren.«

93. Tipps des Kochs
Beziehen Sie auch Ihren Koch mit in das Marketing ein, in dem er Gästen Tipps gibt, wie man beispielsweise Waren für den Kochvorgang präpariert, oder wie man für die Frische der Produkte garantiert, oder wie man

Zeit beim Kochen spart. Den Mann oder die Frau hinter dem Vorhang zu kennen, ist immer ein Spaß, vor allem für die Feinschmecker, die Ihr Restaurant besuchen. Diese Fertigkeiten können Sie auch in einem monatlichen Kochkurs vermitteln, der besonders gut bei der Zielgruppe der Ernährungsbewussten ankommt. Achten Sie darauf dies in Ihrem Newsletter, auf der Website und bei Twitter zu kommunizieren.

»Ein Kochkurs ist ein weiteres gutes Werbemittel.«

94. Einzigartige Verpackungen

Nutzen Sie einzigartige Verpackungen und profitieren Sie von dem WOW Effekt. Sie sollten individuell und innovativ sein. Geben Sie beim Außer Haus Verkauf keine langweiligen unbedruckten Tüten heraus, sondern Papiertaschen mit individuellem Design und QR-Code. Bei Alufoliepackungen können Sie Aufkleber mit individuellem Design und Informationen raufkleben. Durch diese „Maßnahme" werden Sie aus der Norm herausbrechen, und als Innovator wahrgenommen werden, und das macht Sie zum Gespräch in Ihrem lokalen Markt und erhöht so den Umsatz. Zitate, Witze, Horoskope, Zeichnungen oder Ähnliches für den Aufdruck, sind nur einige kreative Ideen. Lassen Sie Ihrer Kreativität freien Lauf.

»Einzigartige Verpackungen sind immer ein Hingucker.«

95. Außer Haus Verkauf

Außer Haus Verkauf ist eine gute Chance mehr Gäste bewirten zu können, selbst wenn die Tische bereits belegt sind. Achten Sie da auf den Tipp mit den einzigartigen Verpackungen und gewährleisten Sie warme Speisen und vergessen Sie das Cross-Selling nicht. Richten Sie eine Rufnummer ein, damit Kunden vorbestellen können. Notieren Sie sich bei einer Bestellung, die Telefonnummer, den Namen und selbstverständlich die Bestellung selbst.

»Hier liegt eine Chance auf Mehrumsatz.«

96. Lieferservice

Denken Sie über einen Lieferservice nach. Oft lernen die Gäste einen Gastronomiebetrieb erst über den Lieferservice kennen und gehen dann persönlich vorbei. Offerieren Sie beispielsweise bei einem Einkauf über den Lieferdienst, einen 10% Nachlass beim Erstbesuch im Restaurant. Achten Sie bitte auf hochwertige Ausliefertaschen, die Ihre Speisen so heiß wie möglich halten. In diesem Zusammenhang können Sie an schlecht laufenden Tagen anbieten: „Wenn das Essen nicht binnen einer halben Stunde vor Ort ist, dann ist es gratis." Sie werden mit solchen Aktionen den schlechten Tag schnell vergessen machen. Schlecht laufende Tage bieten sich für so etwas an, weil Sie hier mehr Personalkapazitäten haben. Selbstverständlich sollte es Ihnen aber auch möglich sein, diese Zeit einhalten zu können. Diese Aktion sollten Sie wie alle Aktionen über Twitter verbreiten. Eine Speisekarte mit QR-Code bitte immer mitliefern.

»Eine Lieferkarte mit Magnet für den Kühlschrank ist eine tolle Idee.«

97. Lieferantenauswahl

Ein ganzheitliches Marketingkonzept erstreckt sich auch auf den Einkauf, denn Marketing bedeutet auch und vor allem das optimale Produkt zu offerieren und deshalb ist es wichtig, nur Waren zu beziehen die eine hohe Qualität innehaben. Achten Sie tunlichst darauf beste Ware von zuverlässigen Lieferanten zu beziehen, denn nur so können Sie ein bestmögliches Produkt anbieten und hohe Umsätze erwirtschaften. Bewerten Sie in regelmäßigen Abständen Ihre Lieferanten, in einer eigens zu diesem Zweck erstellten Liste, um zu erkennen, wie sich die

Geschäftsbeziehungen entwickelt haben. Wenn ein Lieferant negativ auffällt, sollten Sie über einen Wechsel nachdenken.

»Bitte nur Waren einkaufen die eine hohe Qualität innehaben.«

98. Loyalitätsprogramm

Warum nicht den treuen Gästen einen Bonus geben in der Form, dass man ihnen beispielsweise nach 10 eingetragenen Mahlzeiten im Bonusheft, die Nächste gratis gibt. Das kann man auch auf Getränke anwenden, bspw. in einer Kneipe. So drückt man Respekt aus und hält so zum einen die Stammkundschaft bei Laune und zum anderen ist das Halten von Stammgästen bzw. das Halten von Gästen, die bereits einmal im Gastrobetrieb gewesen sind, das günstigste Marketing.

»Bonushefte sind nicht teuer und setzen einen guten Anker.«

99. Gewinnspiel

Veranstalten Sie ein Gewinnspiel, in dem Ihre Gäste beispielsweise ein "All you can Eat" - Abend gewinnen können. (Getränke kosten Extra).

Dieses Gewinnspiel können Sie offline oder online durchführen. Geben Sie so Ihren Gästen einen guten Grund in Ihr Restaurant zurückzukommen. Die Gewinne sollten finanzierbar sein und die Auslosung sollte eine Werbewirkung haben. Partnerschaften mit Sponsoren bezüglich der Gewinne, bieten sich hier besonders an. Sie können die Nummer auf dem Kassenbon als Ziehungsgrund heranziehen, was dazu führt, dass der Gast immer wieder auf seinen Kassenzettel schaut, was ihn wiederum zusätzlich psychologisch an Sie bindet.

»Gäste lieben Gewinnspiele.«

100. QR-Code

Ein QR-Code ist ein zweidimensionaler Code und kann mit dem Smartphone ausgelesen werden. Platzieren Sie Ihren eigenen QR-Code, den Sie kostenlos im Internet erzeugen können, erkennbar auf Ihrer Speisekarte, dem Lieferwagen, den Visitenkarten, den Flyern und dem Kundenstopper. QR-Code-Generatoren gibt es viele im Internet, achten Sie dabei bitte darauf, dass Sie Ihren QR-Code kontrollieren auf Richtigkeit, bzw. sollten Sie ihn auf richtige Verlinkung prüfen. Sie können dann den QR-Code nutzen um so auf Ihre sozialen Medien, bzw. auf Ihre Internetpräsenz, auf Facebook, auf Instagram, auf Twitter, auf Foursquare, auf

Yelp, auf TripAdvisor oder auf Ihre Youtube Seite, zu verlinken. Andere Onlineseiten sind auch denkbar. Die Gäste benötigen eine QR-Codescanner App, um den QR-Code auszulesen. Diese gibt es in jedem App-Store kostenlos für das Smartphone. Teilen Sie das den Gästen mit. Mittels des QR-Codes haben die Gäste dann unkompliziert die Möglichkeit in Ihre Online-Welt einzutauchen. Und hier liegen noch mehr Chancen Gäste zu binden.

»Ohne QR-Codes geht bald nichts mehr.«

101. Ökologische Maßnahmen

Ökologische Maßnahmen können Ihrem Restaurant zu einem Wettbewerbsvorteil verhelfen, wenn Sie diesen Aspekt werbetechnisch kommunizieren. Die Maßnahmen müssen unbedingt kommuniziert werden, um so ein positives Image aufzubauen. Sie können beispielsweise ökologische Verpackungen, ökologischen Strom oder Bioprodukte nutzen. Hier sind Ihnen fast keine Grenzen gesetzt.

»Nachhaltigkeit wird immer wichtiger in den Augen der Gäste.«

102. Kundenumfragen

Nutzen Sie die Möglichkeit Ihre Gäste über Ihr Restaurant zu befragen. Die Informationen geben Ihnen dann Aufschluss über Ihre Zielgruppe und erhöhen Ihr Ansehen, denn Gästen gefällt es, wenn sich der Inhaber, um die Kundenwünsche kümmern. Belästigen Sie aber die Gäste nicht, legen Sie die Umfragebögen so aus, dass eine größere Anonymität gewährleistet wird. Fragebögen gibt es im Internet unzählige. Geben Sie einfach in einer großen Suchmaschine "Fragebogen Restaurant" ein und erstellen Sie sich dann einen individuellen Fragebogen. Sie werden sehen, es wird sich lohnen.

»Umfragen sind eine gute Chance Bedürfnisse zu ermitteln.«

103. WC-Werbung

Vermeiden Sie Werbung in den Sanitärräumen und machen Sie stattdessen etwas anderes. Überzeugen Sie durch ein ausgefallenes Design, oder spielen Sie Musik oder witzige Hörbücher ab. Seien Sie kreativer als die Masse, denn Werbeplakate gibt es überall. Weiters können Sie beispielsweise gratis Hygieneartikel oder Drogerieartikel, wie Damenbinden, Tampons, Cremes, Haarspray, Gel oder Wachs auslegen. Die Gäste werden es Ihnen mittels Empfehlungen danken. Und das bringt letztlich mehr Gäste.

»Bitte keine Werbeplakate in den Sanitärräumen.«

104. Kassenbonrabatt

Schreiben Sie zum Beispiel auf die Kassenbonrückseite einen Rabatt auf (mit Unterschrift und Datum). Der Gast kann dann beim nächsten Besuch mit dem Kassenbon beispielsweise 10% sparen. Machen Sie das immer wieder Mal als Aktion. Der Vorteil ist, der Gast hat eine Erinnerung in seinem Portemonnaie und denkt so immer wieder Mal an Ihr Restaurant und kommt so wahrscheinlicher wieder vorbei.

»Sehr selten gemacht, daher gutes Werbemittel.«

105. Bouncebacks

Bouncebacks sind Werbeangebote an Erstgäste. Bieten Sie Ihren neuen Gästen beim nächsten Besuch einen Rabatt an. Sie können beispielsweise einen größeren Rabatt (20% Mittagessenrabatt oder 10%

Abendkartenrabatt) für die Gäste anbieten. Achten Sie bei dieser Werbemethode bitte darauf, dass nur Erstgäste diese Offerte bekommen, denn es kann nicht Ihre Absicht sein, als ein Billigrestaurant wahrgenommen zu werden.

»Nur für Erstbesucher bitte. Kennen Sie Ihre Gäste!«

106. Mitarbeiter des Monats
Küren Sie doch mal den Mitarbeiter des Monats und kommunizieren Sie eine Anekdote über diesen Mitarbeiter, der diesen Monat mehr als nur seine Pflicht erledigt hat. Ein Foto im Eingangsbereich mit Namen und Anekdote bietet sich hier besonders an.

»Motivierte Mitarbeiter erbringen mehr Serviceleistung.«

107. Freies WLAN
Sie sollten über freies WLAN nachdenken. Denn auch wenn die meisten Gäste bereits über eine Internet Flatrate für ihr Smartphone verfügen, wollen sie dennoch mit ihrem, Smartphone, Laptop oder dem Tablet in

ein freies WLAN wegen der Schnelligkeit und suchen sich oft ihre Restaurants, Bistros oder Cafés nach diesem Kriterium aus. Ihre Gäste müssen aber wissen, dass Sie freies WLAN anbieten. Also unbedingt kommunizieren. Verschlüsseln Sie bitte den WLAN-Zugang für eine sicherere Nutzung, und geben Sie das Passwort an Ihre Gäste weiter, bzw. schreiben Sie es auf die letzte Seite in der Speisekarte.

»Für Touristen ist das immer sehr wichtig.«

108. Kundenstopper
Der Kundenstopper vor der Tür sollte bestmöglich beleuchtet sein, damit er auch in der Dunkelheit gut gesehen werden kann. Schiefertafeln sind sehr praktisch, leicht zu beschreiben und bieten sich hierfür besonders an. Der Kundenstopper sollte nicht die Karte kommunizieren, sondern im besten Falle Ihr Alleinstellungsmerkmal, ansonsten bestimmte Angebote. Es gibt darüber hinaus nichts Schlimmeres als zu kleine Schrift oder einen mit Informationen überladenen Kundenstopper. Meiden Sie eine durchschnittliche Präsentation, denn das suggeriert ein durchschnittliches Restaurant. Neulich las ich auf einem Kundenstopper: „Unser Bier ist kühler als das Herz Ihrer Ex." oder „This beer tastes like I'm not going

to work tomorrow." Seien Sie kreativ. So etwas kommt an und es wird im Internet geteilt.

»Kommunizieren bitte immer nur ganz besondere Leistungen.«

109. Frische Blumen
Es klingt relativ unwichtig, aber achten Sie bitte immer auf frische Blumen. Denn Gäste erkennen das, wenn die Blumen nicht Frisch sind, und geben Ihnen so schnell einen Minuspunkt. Und das sollten Sie tunlichst vermeiden. Aber bitte übertreiben Sie es nicht mit der Anzahl der Blumen.

»Blumen vermitteln ein Gefühl von Wärme.«

110. Handelswaren optimal präsentieren
Sollten Sie Getränke im Selbstservice verkaufen, dann achten Sie darauf, dass diese immer sehr gut gekühlt sind, ihr Mindesthaltbarkeitsdatum nicht überschritten ist und diese gut sortiert sind. Ihre Gäste beurteilen

Sie auch hier und erkennen, ob Sie sich Mühe bei Ihrer Arbeit geben. Professionalität in allen Bereichen ist oberstes Serviceziel.

» Bitte Mindesthaltbarkeit immer wieder kontrollieren.«

111. Außenplätze anmelden

Wenn Sie Außenplätze auf einer öffentlichen Fläche einrichten, zum Beispiel auf einem Bürgersteig oder Platz, in den meisten Fällen vor Ihrem Restaurant, benötigen Sie nebst Ihrer gültigen Gaststättenerlaubnis oder der Gewerbeanmeldung, einen formlosen schriftlichen Antrag mit den Angaben über Lage, beabsichtigte Nutzungsfläche und Anzahl der Sitzplätze. Diese erweiterte Gaststättenerlaubnis müssen Sie nur einmal beim Gewerbeamt beantragen, danach steht Ihnen die Nutzung frei. Weitere Informationen hierüber gibt Ihnen das Gewerbeamt.

»Anmeldung beim Gewerbeamt nicht vergessen.«

112. Empfehlungsmarketing

Empfehlungsmarketing ist ein Instrument der Neukundengewinnung und bedeutet, dass mittels Mund-zu-Mund-Propaganda, Gäste neue Gäste generieren. Oft vergessen Gäste aber Empfehlungen auszusprechen, daher sollten Sie versuchen diesen Missstand positiv anzustoßen, in dem Sie bspw. zunächst selber Empfehlungen aussprechen und so dieses Thema positiv einbringen, oder Ihre Gäste bitten Sie weiter zu empfehlen. Dieses sollte doch immer auf eine sehr freundliche und nette Art erfolgen, um keinen Stress bei den Gästen zu verursachen.

»Wenn Sie dieses Mittel einsetzen, dann bitte nur sehr vorsichtig.«

113. Musik

Sie sollten in Ihrem Restaurant bzw. Gastronomiebetrieb Hintergrundmusik laufen lassen, die aber natürlich zu Ihrem Konzept passen sollte. Sie kennen das, wenn Sie zu einem guten Chinesen gehen, spielt im Hintergrund immer diese wundervolle chinesische Musik und das komplettiert das Erlebnis. Beachten Sie die GEMA-Gebühren, die Sie zahlen müssen, für Musik im Gastronomiebetrieb. Auf der Seite https://www.gema.de finden Sie alle notwendigen Informationen. Beispielsweise sind das bei: Tonträgerwiedergabe in Gaststätten ohne Tanz und ohne Veranstaltungscharakter bei ca. 100 m² Größe zurzeit ca. 18,58 € monatlich. Weiteres wie gesagt auf der Internetseite.

»Musik schafft Atmosphäre.«

114. Kassensystem mit Software

Ich empfehle Ihnen ein Kassensystem mit Software zu nutzen, um so wichtige Daten über Ihre Abverkäufe zu erhalten. Sie können so zum Beispiel erkennen, welche Gerichte gut laufen und welche nicht und können dann über eine Produktelimination nachdenken. Bedenken Sie, nur durch ausreichend Informationen lassen sich die richtigen Entscheidungen treffen. Im Internet finden sich viele verschiedene Lösungen. Wägen Sie ab, was zu Ihnen passt.

»Softwareprogramme liefern wichtige Daten.«

115. Technische Geräte für die Gäste

Bieten Sie doch den Kunden mal was Außergewöhnliches an und halten Sie zwei, drei Tablets gegen Pfand bereit. Viele Gäste speisen allein und werden diesen Komfort honorieren und Sie gelten bestimmt in Ihrem Umkreis als Innovator. Das macht gute Publicity.

»Zusätzliche Steckdosen für Laptops sind auch eine tolle Idee.«

116. Bezahlsysteme

Es passiert immer Mal, dass Gäste mit EC-Karte oder Kreditkarte im Restaurant zahlen möchten, daher bietet es sich auch an, diese Bezahlmöglichkeiten anzubieten. Ein neuer Trend ist das Bezahlen mit Smartphone oder Tablet. Hier versuchen sich zurzeit viele Start-ups und bieten auch bereits Lösungen an. Vielleicht ist das auch eine Möglichkeit für Sie, sich von der Masse abzuheben. Halten Sie sich einfach auf dem Laufenden, doch ich denke, dass die Zeit noch nicht ganz reif ist für solche Lösungen, denn das Adaptionsverhalten bei solchen technischen Neuerungen ist in Deutschland noch verhältnismäßig gering, daher denke ich, dass EC-Karten und Kreditkarten Lösungen vorerst vollkommen ausreichen sollten.

»EC-Karten und Kreditkarten Lösungen sollten es schon sein.«

IV. Online-Marketing

Online-Marketing umfasst alle Internet Marketing Maßnahmen die darauf abzielen das akquisitorische Potenzial im Internet abzuschöpfen. Das heißt, dass alle Maßnahmen im Internet darauf ausgerichtet sein müssen, durch das Internet mehr Umsatz zu generieren. Es ist wichtig, dass Sie auch diese Maßnahmen kennen und soweit es geht umsetzen, denn das Internet ist nicht seit heute die wichtigste Informationsquelle Ihrer potenziellen Gäste. Wer also hier schläft und nicht präsent ist, verzichtet auf viele Gäste und somit auf ökonomischen Erfolg.

117. Webseite erstellen

Eine überdurchschnittliche Internetpräsenz ist heutzutage für jeden Gastronomiebetrieb unabdingbar. Online nicht gefunden zu werden, bedeutet aus der Sicht der potenziellen Gäste Unprofessionalität und das ist nicht gut für das Geschäft. Sparen Sie hier nicht an der falschen Stelle, ansonsten schießen Sie ein Eigentor. Sie können diese Aufgabe an eine Webagentur vergeben, die Kosten liegen hier bei ca. 1500 € bis 3000 €, oder wenn Sie versiert sind, gestalten Sie sie selbst. Sollten Sie sich dazu entschieden haben die Internetpräsenz selber zu gestalten, so ist WordPress hierfür eine etwas komplizierte, aber sehr gute Lösung. Anleitungen für das Erstellen von Webseiten mit WordPress finden Sie im Internet und speziell auf Youtube. Es gibt für WordPress sehr schöne Restaurant- und Fast-Food-Themes von Anbietern wie Themeforest und diversen anderen Anbietern, die bestimmt zu Ihrem Betrieb passen und nicht vie Geld kosten. Themes (Designs) sind quasi grafische Oberflächen von Internetseiten, welche bestimmte Inhalte kommunizieren, und kosten einmalig zwischen 10 $ und 60 $. Eine Internetadresse bzw. eine Domain kann man sich zu einem Preis ab ca. 8 € im Monat anmieten, bspw. bei www.all-inkl.com. Achten Sie weiters darauf ein rechtlich wasserdichtes Impressum und die Angabe der Datenschutzrichtlinien in rechtlich ordentlicher Weise auf ihrer Internetseite einzutragen. Angaben hierzu finden Sie bei der IHK. Worauf ist inhaltlich zu achten bei Ihrer Internetpräsenz? Farblich sollte Ihre Webseite die gleichen Farben nutzen, wie Sie sie im Restaurant umgesetzt haben. Weiters sollten Sie Ihr Logo einbinden und auf eine Integration, der Online-Reservierung achten. Hochauflösende Bilder Ihrer Speisen sollten ebenfalls nicht fehlen. Facebook, Twitter, Instagram, Youtube, Foursquare, Yelp und TripAdvisor sollten ebenso mit eingebunden werden. Ein Newsletterservice sollte integriert werden, und die Speisekarte darf nicht fehlen. Achten Sie bitte darauf die Öffnungszeiten nicht zu vergessen. All diese Punkte sind bereits in den meisten Restaurant Themes beinhaltet, daher können Sie beruhigt sein. Seien Sie aber gründlich und achten Sie bitte immer auch darauf, dass die Angaben auf Ihrer Seite aktuell und korrekt sind, denn es macht keinen guten Eindruck, wenn das nicht der Fall ist.

»Heute ein Muss, auch für einen Imbiss.«

118. Blog

Überdenken Sie die Möglichkeit einen regelmäßigen Blog zu verfassen und so für mehr Gäste zu sorgen. Vermeiden Sie aber über die Leistungen zu schreiben die Sie anbieten, sondern kommunizieren Sie vielmehr Ihre Expertise. Sie können bspw. über verschiedene Spezialitäten, Kochrezepte und Anregungen schreiben. Wordpress.com ist eine kostenlose Blogging Plattform und bietet sich hierfür an. Sie können dort Ihren Blog auch nach Ihren Bedürfnissen anpassen. Wie das funktioniert, finden Sie im Internet oder auf eben dieser Seite.

»Vermitteln Sie Ihre Expertise.«

119. SEO (Suchmaschinenoptimierung)

Die Suchmaschinenoptimierung ist sehr wichtig, um mit Ihrer Webseite möglichst weit oben auf der ersten Seite der Suchmaschinen aufzutauchen. Denn niemand schaut sich viele Seiten in den Ergebnissen an, und genau deshalb sollte versucht werden unter den relevanten Suchwörtern weit oben aufzutauchen. Diese Arbeit können Sie an eine Agentur vergeben, und ich würde Ihnen raten dieses auch zu tun, denn das ist wirklich wichtig. Geben Sie dann in einer Suchmaschine nur „SEO Agentur <Ort>" ein, um eine Agentur zu finden. Sollten Sie es selber machen wollen, dann gibt es Suchmaschinen – Werkzeuge. Bei WordPress sind das SEO Plugins. Andere Anbieter haben aber auch solche Lösungen. Suchen Sie sich aber bitte nur relevante Schlüsselwörter aus und tragen Sie diese dann in das SEO Plugin ein. Die weiteren Angaben erklären sich dort von selbst. Dieses Plugin trägt Sie dann automatisch in den Suchmaschinen ein, und wenn es wirklich gut arbeitet, taucht Ihre Webseite dann weit vorne auf.

»Ziel muss es sein, auf der ersten Seite der Suchmaschinen zu landen.«

120. Google AdWords

Mit Google AdWords werden Sie bei Google im Werbebereich der Google Ergebnisseite gefunden, wenn potenzielle Gäste nach Ihrem Restaurant Typ oder Ihren Speisen suchen. So werden die Suchenden auf Ihre Internetpräsenz gelenkt und können so bei einer sehr gut gemachten Seite den Weg zu Ihnen ins Restaurant finden. Die Kosten hierfür sind unterschiedlich. Näheres erfahren Sie bei https://www.google.de/adwords/

»Interessantes Mittel, um bei Google für sich zu werben.«

121. Online-Reservierung

Achten Sie darauf eine Online-Reservierung auf Ihrer Internetpräsenz anzubieten. Viele Gäste verlangen mittlerweile nach dieser einfachen Möglichkeit der Reservierung, daher sollten Sie dieses auch anbieten. Nach dem Einrichten dieses Werkzeug bekommen Sie dann bei einer Reservierung durch einen Gast, eine E-Mail mit den Reservierungsdaten, die Sie dann nur noch bestätigen müssen.

»Ein Muss auf jeder Restaurant Webseite.«

122. Food Porn

Food Porn ist eine visuelle Darstellung von Essen in visuellen Medien. Es handelt sich hier um Bilder von Essen, die von jungen Leuten in die sozialen Medien hochgeladen werden. Das ist eine gute Chance für Sie, sich zu präsentieren. Nutzen Sie den Umstand, dass Menschen Essen gerne fotografieren, und mit anderen teilen. Halten Sie Ihre Gäste an Ihr Essen zu fotografieren und es online zu stellen. Es wird sich lohnen. Sie können auch selber Bilder auf Ihre verschiedenen sozialen Medien, wie Instagram, Yelp, Foursquare, Facebook etc. hochladen. Achten Sie aber aufklare und eindeutige Hashtags wie z. B. #cheeseburger #IHRRESTAURANT. Lassen Sie sich von der Konkurrenz inspirieren.

»Bilder im Internet aktivieren potenzielle Gäste ungemein.«

123. Facebook

Richten Sie sich eine Facebook-Seite ein, aber achten Sie darauf, dass es eine Fanseite ist, denn nur dann kann man Sie mit „Gefällt mir" bewerten. Wechseln Sie Ihr Titelbild regelmäßig, nichts ist langweiliger als dasselbe Titelbild über einen längeren Zeitpunkt. Vergessen Sie nicht Ihr Impressum und stellen Sie regelmäßig neue Bilder Ihrer perfekt angerichteten Speisen ein. Achten Sie aber darauf, dass die Bilder nur hochauflösend sind, und unter optimalen Lichtbedingungen gemacht wurden. Selbstverständlich sollten sie auch nicht verwackelt sein. Bilder und Videos haben eine große psychologische Macht, nutzen Sie dieses. Facebook-Werbung würde ich nicht nutzen, wegen der hohen Streuung. Kommunizieren Sie im Restaurant, das Sie auf Facebook sind. Facebook ist kostenlos.

»Posten Sie regelmäßig tolle Bilder.«

124. Instagram

Nutzen Sie auch diese Bilder und Kurz-Video-Plattform, um sich zu präsentieren. Posten Sie ein bis zweimal täglich Ihre Speisen in bester Qualität mit Ihrem Smartphone auf Ihrem Instagram Account. Hashtags nicht vergessen. Das sind diese Wörter-Zeichen Kreationen wie; #burger, #burgerberlin oder auch #berlin etc. Vergessen Sie auch nicht die Angaben zu Ihrer Webseite und zu Twitter in Ihrem Instagram Profil. Generell ist anzumerken, dass Menschen es lieben sich Essen anzuschauen, und genau diesen Umstand sollten Sie nutzen. Sie können durch die Bilder und kurzen Videos einen Impuls setzen und so Ihre potenziellen Gäste zu Ihnen locken. Präsentieren Sie auch Ihre Mitarbeiter, und zeigen Sie, wie diese jeden Tag professionell und begeistert Leistung erbringen. Vermitteln Sie Professionalität und Spaß. Kommunizieren Sie im Restaurant, dass Sie auf Instagram sind. Instagram ist kostenlos.

»Jeden Tag ein Foto oder Kurz-Video ist angebracht.«

125. Youtube

Denken Sie auch über einen Youtube Kanal nach, um Ihre Feiern und Jubiläen und Sonstiges zu kommunizieren. Achten Sie bitte auf eine ruhige Kameraführung und gute Lichtverhältnisse. Der Ton muss auch optimal sein. Nach der Videobearbeitung mit einen Videobearbeitungsprogramm, welche ab 50 € beginnen, können Sie die Datei auf Ihren Kanal hochladen. Binden Sie keine fremde Werbung ein, denn Sie machen ja gerade selber Werbung. Kommunizieren Sie im Restaurant, dass Sie auf Youtube sind. Youtube ist kostenlos.

»Bitte keine Urheberrechte verletzen, wie bspw. Musik, Bild, etc.«

126. Twitter

Nutzen Sie unbedingt dieses Mini-Blogging-System, es ist ein wahres Wunder. Einmal angemeldet, Profil erstellt, Profilbild hochgeladen, Titelbild hochgeladen, können Sie auch schon loslegen. Die Frage ist jetzt, wer liest jetzt diese Nachrichten, die Sie schreiben. Sie müssen auf Ihrer Speisekarte im Restaurant und auf Ihrer Außerhauskarte Ihren Twitter Namen angeben bzw. Ihren Twitter QR-CODE setzen, damit die Gäste so zu Ihrem Twitter Account finden. Damit sie veranlasst werden Ihnen dort zu folgen, können Sie bspw. Eine dauerhafte Aktion starten, die da lautet: „Wer uns bei Twitter folgt, bekommt an jedem 1. Dienstag im Monat ein Bier zum Essen gratis." Und schon haben Sie die Aufmerksamkeit der Gäste. Jetzt sind Sie dran. Versenden Sie nun Tweets zu verschiedenen Zeiten des Tages, um gezielt morgens, mittags oder abends Ihre Follower zu aktivieren. Bilder sind auch möglich und sollten unbedingt genutzt werden bei Angeboten. Seien Sie kreativ bei Ihren Angeboten, und bitte nur echte Angebote, ansonsten verpufft der Effekt ganz schnell. Kommunizieren Sie unbedingt im Restaurant, das Sie auf Twitter sind. Twitter ist kostenlos.

»DAS ist die kommende Werbeplattform für die Gastronomie.«

127. Foursquare

Foursquare ist zum einen ein standortbezogenes Netzwerk bei dem sich Restaurants, Bars, Cafés und Fast-Food-Konzepte etc. präsentieren und zum anderen ist es ein Netzwerk wo User eben diese bewerten können. Richten Sie hier in wenigen Schritten ein Profil für Ihr Restaurant ein. Es kann jedoch sein, dass bereits Gäste Ihr Restaurant eingetragen haben. Das ist aber kein Problem. Sie können Ihre Foursquare Profilseite unter der folgenden Internetadresse ganz einfach und unkompliziert in Besitz nehmen. „https://de.foursquare.com/venue/claim". Foursquare berechnet jedoch 20 $, um Orte in Besitz zu nehmen. Die Bezahlung via Kreditkarte beschleunigt den Prozess um einiges. Das in Besitz nehmen ist wichtig, wegen der Profildaten bzw. Datenpflege. Sie müssen Ihren „Venue" bzw. „Eintrag" aber nicht unbedingt in Besitz nehmen. Also, wenn es nun eine Profilseite Ihres Restaurants gibt, können Sie jetzt zum einen selber qualitativ hochwertige Bilder hochladen und für Aufmerksamkeit sorgen und zum anderen Ihre Gäste bitten Selbiges zu tun, und darüber hinaus Sie auf Foursquare zu bewerten. Das kommuniziert Ihre Professionalität und sorgt für mehr Gäste. Veranstalten Sie doch einfach mal einen Wettbewerb. Ganz in dem Sinne: „Die besten 5 Bilder, die gepostet wurden, bekommen ein kostenloses Abendessen." Die Namen der Nutzer sind auf Foursquare zu erkennen.

»Super um sich inspirieren zu lassen und gefunden zu werden.«

128. Yelp

Yelp ist ein standortbezogenes Netzwerk wie Foursquare. Profil anlegen oder bereits angelegtes Profil einfach in der Bearbeitung auf Sie übertragen lassen und los geht's. Das Anlegen eines Firmenprofils: https://biz.yelp.de/ ist kostenlos. Alles andere siehe Foursquare.

»Super um sich inspirieren zu lassen und gefunden zu werden.«

129. TripAdvisor

TripAdvisor ist ebenfalls ein standortbezogenes Netzwerk, wo Gastronomiebetriebe aber auch andere Gewerbe gelistet werden. Auf der Internetseite: „http://www.tripadvisor.de/GetListedRestaurant", können Sie Ihr Restaurant in wenigen Schritten anmelden. TripAdvisor ist besonders für touristische Orte geeignet. Die Eintragung ist kostenlos.

»Bietet sich besonders gut an, um von Touristen gefunden zu werden.«

130. Newsletter

Es besteht auch die Möglichkeit eine Newsletterfunktion auf Ihrer Internetpräsenz einzurichten, um so Ihren Gästen Informationen senden zu können. Bei: „http://www.cleverreach.de", können Sie kostenlos einen Account anmelden, bis zu 250 Empfänger eintragen und bis zu 1000 E-Mails pro Monat versenden. Es gibt auch Profi Accounts, diese sind dann aber kostenpflichtig. Bitte achten Sie darauf, die E-Mails nicht nachts rauszuschicken. Gestalten Sie Ihre Newsletter professionell und achten Sie darauf nicht zu viele Informationen zu kommunizieren. Ich persönlich halte jedoch Twitter für die viel bessere Lösung, um Informationen zu teilen.

»Achten Sie auf qualitative Informationen statt auf Lobgesänge.«

131. Periscope

Periscope ist eine Live-Video-App, mit der Sie bspw. Ihre Jubiläumsfeier Live via Smartphone übertragen können. Gäste, die nicht auf der Feier sind, können sich Live hineinschalten und das hält Sie im Gespräch, was wiederum gut fürs Geschäft ist. Sie gelten überdies dann als Innovator. Aber bitte informieren Sie die Gäste auf der Feier über Ihre Live Übertragung.

»Super für Live Übertragungen. Ist eine Zukunftsapplikation.«

132. Groupon

Groupon ist ein Internetanbieter, der rabattierte Gutscheinaktionen anbietet. Unter anderen Märkten ist der Gastronomiemarkt ein Hauptmarkt bei Groupon. Sie können hier eine Kooperation mit Groupon eingehen und die Besucherzahl in Ihrem Gastronomiebetrieb erheblich erhöhen. Groupon erhält dann eine Provision pro verkauften Rabattgutschein, wenn genügend Interessenten gefunden werden, die das Angebot kaufen möchten. Auch wenn die Aktion Ihnen keinen höheren Gewinn erbringt, so erhöht sie Ihre Bekanntheit, und das ist ein Werbeziel, das sich langfristig bezahlbar macht. Außerdem haben Sie dann die Möglichkeit durch die anderen Tipps in diesem Ratgeber die Gäste an sich zu binden, wenn sie erst mal bei Ihnen waren.

»Erhöht die Bekanntheit ungemein.«

133. Online-Speisekarte

Arbeiten Sie Ihre Speisekarte in Ihre Internetpräsenz mit ein. Beachten Sie die gleichen Tipps wie bei der Speisekarte im Restaurant. Aktualität ist auch hier von besonderer Wichtigkeit.

»Achten Sie auf Übersichtlichkeit.«

134. Online-Lieferdienst

Wenn Sie einen Lieferdienst betreiben, kommen Sie an einer Lieferservice Software nicht vorbei, welche eine gute Alternative zu dem Telefon ist. Die Preise hierfür beginnen bei 300 € in der Basis Version. Suchen Sie einfach nach Lieferservice Software in einer großen Suchmaschine. Oft kann man die Software vorher testen. Die Software wird dann auf Ihren Server geladen und ist dann auch alsbald nach den erforderlichen Eingaben einsatzbereit. Wenn Sie ein versierter Internetnutzer sind, bekommen Sie das hin, ansonsten lassen Sie es für einen Aufpreis installieren.

»Ein Muss für jeden Lieferdienst.«

135. Online-Coupons

Sie können auch Coupons auf Ihrer Seite einstellen. Ich denke jedoch, dass das weit schlechter als die Twitter Lösung ist.

»Klassisches Mittel jedoch schlechter als die Twitter Lösung.«

V. Schlusswort

Es ist von großer Bedeutung, dass Sie verstehen, dass es nicht notwendig ist, alle Maßnahmen, Methoden und Instrumente anzuwenden, aber Sie sollten wissen, dass wenn Sie alle möglichen Maßnahmen, Methoden und Instrumente umgesetzt haben, haben Sie alles getan was Sie tun können, um erfolgreich zu sein, und das muss Ihr Ziel sein. Dann liegt es nur noch an dem Markt beziehungsweise an den Gästen, ob Ihr Konzept und Marketing gereicht hat, respektive markttauglich war. Diesen Zustand müssen Sie unbedingt versuchen herbeizuführen, denn dann haben Sie Ihre Hausaufgaben gemacht. Sollte es wider Willen nicht so laufen, wie Sie es sich vorstellen, dann vielleicht, weil die Harmonie zwischen dem Angewendetem und oder dem Konzept und dem Markt nicht ganz gegeben war. Seien Sie sich bewusst, dass "perfekt" ein statischer Begriff ist, der Markt aber dynamisch ist. Entwickeln Sie Ihr Konzept, Ihr Marketing, Ihr Team und Sie sich stetig weiter, denn das macht der Gast auch. Bleiben Sie am Ball und nutzen Sie möglichst viele Tipps in diesem Ratgeber, um sich von der Konkurrenz abzugrenzen. Erfolg ist planbar, und geben Sie nicht nach, bis Sie Ihren Traum erreicht haben.

Ich freue mich auf Ihren Erfolg, und würde mich über ein Feedback von Ihnen freuen. Frohes Schaffen!

VI. Autor

Diplom Kaufmann Savas Simsek studierte an der Universität Hamburg Betriebswirtschaftslehre mit den Schwerpunkten Marketing und Betriebs- & Organisationspsychologie und hat im Rahmen seiner unternehmensberaterischen Tätigkeit als Coach im Rahmen des Gründercoaching Deutschland Programms viele kleine Betriebe in Fragen des Marketings betreut. Zurzeit betreibt Herr Simsek die Zwei-Mann-Unternehmensberatung in Berlin mit den Schwerpunkten Marketing, Konzeptplanungen und Umsetzung.

Dipl.-Kfm. Savas Simsek
Unternehmens- & Gastronomieberatung
gastronomie-marketing.com
info@gastronomie-marketing.com
twitter: @pures_marketing

„Wenn Ihr Erfolg nicht wahr wird, liegt es nicht an Ihren Gästen."

„Ohne Alleinstellungsmerkmal ist Ihr Restaurant nur Durchschnitt."

„Erst die Zielgruppe, dann das Konzept."

„Marketing ist eine ganzheitliche Ausrichtung aller unternehmerischen Aktivitäten, die das Ziel haben den Absatz zu halten oder zu fördern."

„Verkaufe deinen Gästen nicht ein Gericht, sondern Genuss."

„Erfolg ist die Summe aller richtigen Entscheidungen."